y 778

Y. 5559. Réserve.
+ Ba.

Yf 3860

AGRIPPA
ROY D'ALBE
OV LE FAVX
TIBERINVS.
PAR QVINAVLT.
DEDIÉ AV ROY.

A PARIS,
Chez GVILLAVME DE LVYNE,
Libraire-Iuré, au Palais, dans la Salle
des Merciers, à la Iustice.

M. DC. LXIII.
Auec Priuilege du Roy.

AV ROY.

IRE,

Il y auoit lieu de croire que mon Ambition deuoit estre entierement satisfaite, de l'agréement auec le-

ã ij

EPISTRE.

quel cette Piece a esté receuë de VOSTRE MAIESTE'. Aprés une grace si considerable, ie Luy pouuois en effet espargner la fatigue d'vne Epistre; & l'auantage d'auoir sçeu Luy plaire; estoit vn honneur assez grand, sans chercher encore vn nouueau moyen de l'accroistre. Cét emportement est vne foiblesse naturelle aux habitans du Parnasse; & comme la gloire est souuent l'vnique fruict qu'ils recueillent de ce Pays sterile, il leur est pardonnable d'en desirer quelquesfois auec vn peu trop d'ardeur. On s'imaginera, peut-estre, que ie deuois estre exempt de ce defaut, parce que i'ay le bon-heur d'approcher la Personne Auguste du plus

EPISTRE.

accomply de tous les Monarques, & d'y voir briller de prés ces Vertus éclatantes qui sont auiourd'huy l'admiration de toute la Terre : Mais qui ne sçait point, SIRE, que lors qu'il s'agist de gloire, ce n'est pas en VOSTRE MAIESTÉ que l'on peut trouuer des Exemples de moderation ? Cét excés n'est pas de ceux dont Elle se veut deffendre, & c'est proprement là dessus qu'Elle est la plus difficile du monde à contenter. La fin de la Guerre n'a pû deuenir la fin de ses Conquestes. La Paix n'a sçeu L'empescher d'en faire de nouuelles, & qui Luy sont d'autant plus glorieuses, qu'elles n'ont pas cousté vne seule goutte de sang à ses Subjets, & qu'Elle n'en

EPISTRE.

doit rien qu'à Elle-mesme. A dire vray, SIRE, à moins que d'estre comme nous sommes, les tesmoins de tant de Merueilles, y auroit-il apparence de les pouuoir croire? Ne pourrions-nous pas auoir bien de la peine à nous persuader, qu'à vingt-quatre ans VOSTRE MAIESTÉ n'ait pas esté moins redoutable dans son Cabinet, qu'à la Teste de ses Armées? Qu'Elle ait sçeu ioindre des choses aussi peu compatibles que la Ieunesse florissante, & la Prudence consommée? Qu'Elle ait eu des Qualitez que l'on n'acquiert que par la perte des plus belles années, dans un âge qui n'est fait d'ordinaire que pour les plaisirs? Enfin qu'Elle ait trouué l'Art de ras-

EPISTRE.

sembler en Elle seule tous les Auantages que le Ciel a accoustumé de separer dans le reste des hommes? Il n'y a pas, SIRE, iusques aux secrets des belles Lettres, où les Lumieres de VOSTRE MAIESTÉ ne s'estendent; Elles n'ont pas desdaigné de m'ésclairer dans la conduite de cét Ouurage, & ie suis obligé de confesser qu'Elles sont la source de ce que l'on y a trouué de plus brillant. Cette inclination que VOSTRE MAIESTÉ témoigne pour les Muses, n'auoit garde de Luy manquer, puis que c'est de tout temps la passion des Heros. Les Vers d'Homere furent autresfois les Delices du Vainqueur de l'Asie au milieu de ses Triomphes; & les Ca-

EPISTRE.

medies de Terence receurent leurs derniers traits des mesmes Mains qui venoient de terrasser Annibal, & d'abattre la grandeur de Carthage. Ceux qui sont attachez particulierement à ce genre d'écrire, n'ont plus, SIRE, qu'vne seule chose à craindre auec toute l'Europe ; C'est que la haute Valeur de VOSTRE MAIESTE', qui s'est fait tant de violence pour donner le repos à ses Peuples, ne trouue quelque iuste occasion de l'interrompre. S'il faut qu'vne fois elle reprenne les Armes, le bruit que nous préuoyons bien qu'elles feront, ne nous permettra plus de songer aux Roys les plus Illustres des Siecles passez, & pour nous laisser le loisir de re-
presenter

EPISTRE.

presenter leurs actions, Celles de VOSTRE MAIESTÉ nous donneront asseurément trop d'affaires. Ie n'ay pas la hardiesse de promettre de trauailler sur de si grands Sujets, auec autant d'Esprit qu'vne infinité de Gens plus habiles que moy, & qui ne laisseront pas eschaper vne si riche matiere. I'ose respondre seulement que ie puis défier qui que ce soit au monde, de surpasser le zele ardent qui animera toûjours,

SIRE,

DE VOSTRE MAIESTÉ,

Le tres-humble, tres-obeïssant, &
tres-fidelle seruiteur & subjet
QVINAVLT.

Extraict du Priuilege du Roy.

PAR Grace & Priuilege du Roy, Donné à Paris le quatorziéme Ianuier mil six cens soixante-trois, Signé par le Roy en son Conseil, LE MARESCHAL. Il est permis à nostre cher & bien aymé PHILIPPE QVINAVLT Nostre Valet de Chambre Ordinaire, de faire imprimer vne Piece de Theatre de sa composition, intitulée: *Agrippa Roy d'Albe, Ou le Faux Tiberinus*, pendant le temps & espace de cinq années, finies & accomplies, à commencer du iour de l'acheué d'Imprimé. Et deffences sont faites à toutes personnes, de quelque qualité & condition qu'elles soient, de l'imprimer ou faire imprimer, vendre & debiter, sans le consentement dudit Sieur QVINAVLT, à peine de

cinq cens Liures d'amande, & de tous deſ-
pens, dommages & intereſts, comme il eſt
plus amplement porté par leſdites Letttes.

Et ledit Sieur QVINAVLT a cedé & tranſporté
ces droicts de Priuilege à GVILLAVME DE LVYNE,
Marchand Libraire, pour en iouyr le temps porté
par iceluy.

Acheué d'imprimer le 25. *Ianuier* 1663.

Les Exemplaires ont eſté fournis.

Regiſtré ſur le Liure de la Communauté des Libraires
& Imprimeurs de cette Ville de Paris, le 24. *Ianuier*
1663.
   Signé,   DVBRAY, Scyndic.

ACTEVRS.

LAVINIE, Princesse du Sang des Roys d'Albe.

ALBINE, Fille de Tirrhene, & sœur d'Agrippa.

CAMILLE, Confidente de Lauinie.

IVLIE, Confidente d'Albine.

MEZENCE, Neueu de Tiberinus.

FAVSTE, Confident de Mezence.

TIRRHENE, Prince du Sang d'Enée, Pere d'Agrippa & d'Albine.

AGRIPPA, Fils de Tirrhene, regnant sous le nom & la ressemblance de Tiberinus Roy d'Albe.

LAVZVS,
ATIS, Officiers d'Agrippa.

Gardes.

La Scene est au Palais des Roys d'Albe, dans l'Appartement de Lauinie.

AGRIPPA

AGRIPPA, OV LE FAVX TIBERINVS.

ACTE I.

SCENE PREMIERE.

LAVINIE, ALBINE, CAMILLE, IVLIE.

LAVINIE.

Vostre malheur au mien n'est pas à comparer,
Cōsolez-vous, Albine, & laissez-moy pleurer.
ALBINE.
Que vous connoissez peu la douleur qui m'emporte,
Si vous croyez la vostre, & plus iuste & plus forte!

A

AGRIPPA,
LAVINIE.
Dans l'Illustre Agrippa massacré laschement,
Vous ne perdez qu'un frere, & i'y pers un amant.
ALBINE.
I'y pers un frere vnique, & le mal qui m'accable,
Est d'autant plus cruel qu'il est irreparable :
Mais pour vous en effet l'ô doit vous plaindre moins
Le Prince à vous aymer a mis ses plus grands soins ;
Et pour vous consoler vos yeux ont sceu vous faire
Beaucoup plus d'un amant, & ie n'auois qu'un frere.
LAVINIE.
I'auois plus d'un amant auant ce dur reuers,
Mais ie n'en aymois qu'un, Albine, & ie le pers ;
Le Roy iusques au iour qu'il perdit vostre frere,
Vous a parlé d'hymen, a tasché de vous plaire,
Et le deuant hait, peut-estre en vostre cœur,
Vn frere ne fait pas toute vostre douleur.
ALBINE.
Ne me soupçonnez point d'un sentiment si lasche ;
Ce coup d'auec le Roy pour iamais me destache ;
Et soüillé de mon sang, il me fait trop d'horreur
Pour luy pouuoir laisser quelque place en mon cœur
Le retour en ces lieux de ce Tyran infame,
Rouure encor de nouueau cette playe en mon ame,
Et quelque iuste ennuy qu'il renouuelle en vous,
Auprés de mes malheurs, les vostres sont bien doux,
Prés d'un an escoulé depuis nostre disgrace,
Est pour vous consoler un assez long espace.
LAVINIE.
Dites, dites pour vous, c'est bien plus aisement
Que l'on peut oublier un frere qu'un amant.
L'amour est bien plus tendre, en pareille auanture,
Et n'est pas consolé si tost que la nature.
Le sang dans ses transports, content d'un peu de deüil
Ne va iamais plus loing que les bords du cercueil.

OV LE FAVX TIBERINVS.

On cesse d'estre sœur quand on n'a plus de frere,
La nature s'arreste, & n'a plus rien à faire;
Mais l'Amour qui penetre au creux d'vn monument,
Peut faire encore aymer, quand on n'a plus d'amant.

ALBINE.
Pour regretter mon frere, & croistre ma tristesse,
L'interest de ma gloire est ioint à ma tendresse;
Des vieux ans de mon pere estant l'vnique appuy,
Toute nostre esperance expire auecque luy.
Nous descendons du sang dont Albe est l'heritage,
Mais c'est d'vn peu trop loin pour en prendre auantage;
Vous, vous touchez au throsne, & la Fortune vn iour,
Pourroit vous consoler des rigueurs de l'amour.

LAVINIE.
Mon cœur est à l'amour, & non à la fortune,
Ie tiendrois maintenant la Couronne importune,
Et quand tout ce qu'on aime entre dans le tombeau,
La pompe est vne peine, & le sceptre vn fardeau.
Apres Tiberinus, & son neueu Mezence,
L'empire icy m'est deu, par les droits de naissance,
Mais le Roy trop cruel qui possede ce rang,
Soüille par ses forfaits, son throsne, & nostre sang:
Et son ayeul Ænée, en ses faits magnanimes,
Fit voir moins de vertus, qu'il n'a commis de crimes.
Le meurtre d'Agrippa massacré par ses coups,
Fut comme le dernier, le plus cruel de tous :
Il sortoit de son sang, & iamais plus de zelle
N'esclatta pour vn Roy, dans vn sujet fidelle.
Cependant, mesme aux yeux d'vn pere infortuné,
Par ce Tyran barbare il fut assassiné,
Sans auoir pû iamais l'accuser d'autre offence,
Que d'auoir auec luy beaucoup de ressemblance.
Apres ce crime affreux, le sang ny le deuoir,
N'ont rien en sa faueur qui puisse m'esmouuoir :

A ij

AGRIPPA,

Ie ne vois plus en luy de parent ny de maistre,
Ie ne le connoy plus, ny ne le veux connoistre;
Et l'iniuste assassin de mon illustre amant,
Doit tout apprehender de mon ressentiment.
Mais qui s'aproche,

ALBINE.

Adieu, c'est le Prince Mezence,
Son amour prez de vous ne veut pas ma presence.

SCENE II.

LAVINIE, MEZENCE, FAVSTE, CAMILLE.

LAVINIE.

Vous voyez de vos soins quel est pour moy le fruit,
Dés que vous m'abordez tout le monde me fuit?

MEZENCE.

Si c'est moy qui fais fuir Albine qui vous quitte,
I'oste à vostre douleur, vn objet qui l'irrite.

LAVINIE.

Le neueu du Tyran qui fait tout mon malheur,
Doit bien plustost encor irriter ma douleur.

MEZENCE.

Par quelle cruauté, puny par vostre haine,
Sans auoir part au crime, ay-je part à la peine?
Quand i'aurois de ma main fait perir vostre amant,
Pourriez-vous me traitter plus inhumainement?

LAVINIE.

Et qui peut m'asseurer que vostre ialousie,
N'ait point poussé la main qui termina sa vie?

OV LE FAVX TIBERINVS.

Le Roy contre Agrippa n'estoit point irrité;
Que sçay-je si son bras n'estoit pas emprunté?
Et n'a point immolé cette illustre victime,
Pour vous mettre en estat de ioüir de son crime?

MEZENCE.

Hier le Roy sur ce poinct, s'expliquant hautement,
Fit voir qu'il soupçonna la foy de vostre Amant,
Qu'il l'auoit fait si grand qu'il luy fut redoutable,
Et qu'enfin auec luy le treuuant trop semblable
Il voulut, pour s'oster tout suiet de terreur,
Preuenir par sa mort quelque funeste erreur.
Pour les bié discerner, quelque soin qu'on put prendre,
Leur rapport estoit tel qu'on s'y pouuoit mesprendre,
Et qu'apres les auoir cent fois considerez,
Ie m'y trompois, moy mesme, à les voir separez.

LAVINIE.

La Nature oublia sans doute, en leurs visages,
Ce dehors different qu'on void dans ses ouurages,
Et contre sa coustume elle ne mit iamais
En deux corps separez, de si semblables traits.
Mais la diuersité qui distingue nos trames,
Au défaut de leurs corps, se trouuoit dans leurs ames,
Et la Nature en eux, auec des soins prudents,
L'oubliant au dehors, la mit toute au dedans.
Mon Amant eut vne Ame, aussi noble, aussi belle,
Que celle du Tyran est perfide, & cruelle,
Et ce Heros receut bien plustost le trepas,
Parce qu'à ce Barbare il ne ressembloit pas.

MEZENCE.

Ce transport violent n'a rien de condemnable,
Le Roy mesme enuers vous sent bié qu'il est coupable:
Hier, pour le receuoir, m'estant fort auancé,
Il me parla de vous, dés qu'il m'eut embrassé,
Et lors que ie luy dis la profonde tristesse,
Ou la mort d'Agrippa vous plonge encor sans cesse,

A iij

AGRIPPA,

Ie l'oüis soupirer, ie le vis s'esmouuoir,
Et pour vous consoler, il promit de vous voir.

LAVINIE.

Ah! c'est le dernier mal qui me restoit à craindre!
Ce cruel à le voir pretend donc me contraindre!
Et pour nouueau tourment, veut offrir à mes yeux
Vne main teinte encor d'vn sang si precieux!

MEZENCE.

Dans le premier combat, au gré de vostre haine,
Vn trait fatal perça cette main inhumaine,
Et le Destin fit voir par ce coup merité,
Qu'on ne peut vous deplaire auec impunité.

LAVINIE.

Les Dieux iustes vengeurs du sang de l'Innocence,
N'ont fait encor sur luy, qu'ébaucher leur vengeance,
Et le trait dont sa main a senty le pouuoir,
N'est qu'vn premier esclat du foudre prest à choir.
Vous mesme qui suiuez ses barbares maximes,
Et qu'auec luy le sang vaut moins que les crimes,
Redoutez que ces Dieux, dans leur iuste courroux,
N'estendent leur vengeance & leurs traits iusqu'à vous.
Mais vous n'en croyez point, & vous en faites gloire.

MEZENCE.

Si je n'en ay pas cru, je commence d'en croire:
Ie me sens conuaincu, graces à vos beautez,
Que l'on doit de l'encens à des Diuinitez:
De vos charmes diuins l'esclat tout admirable
Force assez de connoistre vn pouuoir adorable,
Et quand j'aurois tousiours douté qu'il fust des
  Dieux,
Pour en croire, il suffit d'auoir veu vos beaux yeux:
Du moins, quand en effet, j'aurois l'erreur encore
De ne connoistre pas tous les Dieux qu'on adore,
Pres de Vous, quelque erreur dont on soit preuenu,

OV LE FAVX TYBERINVS.

L'Amour n'est pas vn Dieu qui puisse estre inconnu.

LAVINIE.

Quoy qu'il en soit enfin, Prince, à ne vous rien taire,
Agrippa n'estant plus, rien ne me sçauroit plaire,
Le Ciel dans ces Heros prit soin de renfermer
Les vrais & seuls appas qui me pouuoient charmer,
L'inuincible pouuoir d'vn destin tout de flame
N'attacha qu'à luy seul tous les vœux de mon
    Ame.
On ne doit à l'Amour qu'vn tribut à son choix,
Et c'est trop pour vn cœur d'aymer plus d'vne fois.

MEZENCE.

Ie n'en sçaurois douter, inhumaine Princesse,
Cet amant seul a pris toute vostre tendresse,
Et reseruant pour moy toute vostre rigueur,
Son ombre encor suffit pour m'oster vostre cœur:
Vostre couroux s'accroist, plus mon amour esclatte.

LAVINIE.

Perdez donc cet amour.

MEZENCE.

                Le perdre! helas ingratte!
Plustost tousiours pour moy, gardez ce fier couroux,
Et laissez moy du moins l'amour que j'ay pour vous,
Deussay-je voir tousiours vos beaux yeux en co-
    lere,
Ils ont beau s'irriter, ils ne sçauroient deplaire.
Pour des Destins diuers, le Ciel nous sceut former.
Le vostre est d'estre aymable, & le mien est d'ay-
    mer.
Mais vous n'escoutez point, & vos yeux qui s'a-
    gittent
Lassez de mes regards, auec soin les euitent.

LAVINIE.

Voicy de mon amant le Pere infortuné,
Quelque soucy le presse, il paroist estonné.

A iiij

AGRIPPA,

SCENE III.
TIRRHENE, LAVINIE, MEZENCE, FAVSTE, CAMILLE.

TIRRHENE à MEZENCE.

NE vous offencez pas, Seigneur, si ie m'auance,
I'aporte à Lauinie vn aduis d'importance:
Et ie viens l'auertir que l'on m'a fait sçauoir,
Que le Roy va sortir à l'instant pour la voir.

LAVINIE à MEZENCE.

Ah! Prince, si vostre Ame à ma peine est sensible,
Empeschez qu'on m'expose à ce tourment horrible,
Et tâchez par vos soins d'espargner à mes yeux,
Le suplice de voir cét obiet odieux.

MEZENCE.

Mon plus ardent desir est celuy de vous plaire,
Et de tout mon pouuoir je cours vous satisfaire.

SCENE IV.
TIRRHENE, LAVINIE, CAMILLE.

TIRRHENE.

LE Prince entreprendra de l'arrester en vain;
Ie ne connoy que trop ce Tiran inhumain:
Son ame violente en ses desirs persiste,
Et sa fureur s'accroist pour peu qu'on luy resiste.
Pour mieux vous en deffendre, il faut vous retirer,
Ie doute que chez vous par force il ose entrer,
Il ne passera point à cette audace extreme,
Ce Meschant craint le peuple, & le peuple vous ayme.

OV LE FAVX TIBERINVS.
LAVINIE.
Mais pour vous...
TIRRHENE.
Que peut craindre vn Pere desolé ?
Le plus beau de mon sang par ses mains a coulé,
Pour le peu qui m'en reste, il faut peu me côtraindre,
Ie suis trop mal-heureux pour auoir rien à craindre.
Ie veux luy reprocher son crime aux yeux de tous,
Gardez qu'il ne vous voye, il vient, retirez vous.

SCENE V.

AGRIPPA, sous le nom de TIBERINVS
MEZENCE, LAVZVS, ATIS, TIRRHENE.

AGRIPPA A MEZENCE.

Qv'on ne m'en parle plus, ie veux voir Lauinie
Mezence, se retire.
A LAVSVS.
Vous, allez donner ordre à la ceremonie.
Faites tout preparer pour rendre grace aux Dieux,
D'auoir mis par mes soins le calme dans ces lieux.
A ATIS.
Que le reste s'esloigne, & deuant que ie sorte
Qu'aucun n'entre en ce lieu..quoy! l'on ferme la porte!
TIRRHENE.
Ouy, l'on la ferme, Ingrat, & c'est par mes auis.
AGRIPPA.
Mon Pere....
TIRRHENE.
A peine en vous ie reconnoy mon Fils.
Nous sommes sans tesmoins, ie parle en asseurance,
Quoy! chercher Lauinie, & contre ma deffence!

AGRIPPA,

Oubliez vous ainsi, ce qu'auoit ordonné
Vn Pere, dont les soins vous ont seuls couronné?
Ne vous souuient-il plus, que c'est par ma prudence,
Que vous tenez icy la supresme puissance?
Et que vous ne viuez, ny regnez que par moy?

AGRIPPA.

Ie n'ay rien oublié de ce que ie vous doy.
Lorsque pour r'asseurer la Frontiere alarmée,
Tiberinus pressé de joindre son armée,
N'ayant que nous, pour suite, auec trois de ses gens,
Passant l'Albule à gué, fut abismé dedans,
Ce fut vous, dont le soin m'inspira l'asseurance
De regner apres luy, par nostre ressemblance,
Et sceut persuader les tesmoins de sa Mort
De m'assister à prendre & son nom, & son sort.
Tandis que sous ce nom qui m'a fait mesconnoistre,
I'ay trompé tout le Camp, & m'y suis rendu maistre,
Pour mieux feindre, en ces lieux retournât sur vos pas,
Vous auez au Roy mesme imputé mon trepas.

TIRRHENE.

Mais lorsque pour tenir l'entremise couuerte,
Ie vous quitay, pour feindre encor mieux vôtre perte,
Et pour en accuser la main mesme du Roy,
L'ordre le plus pressant que vous eustes de moy,
Pour conseruer le Sceptre, & vos iours, & ma vie,
Ne fut-ce pas, sur tout, d'oublier Lauinie?
Cependant, aussi-tost qu'on vous void de retour,
Ie vois encor pour elle esclatter vostre amour?
Vous venez hazarder qu'vn soupçon, qui peut naistre
Par l'esclat de vos feux, vous fasse reconnoistre,
Et qu'vn œil esclairé par cette vieille ardeur,
Dessous les traits du Roy, découure vn autre Cœur.
Il faloit sur le Throsne estouffer cette flame,
Il faloit commencer à regner dans vostre ame.

OV LE FAVX TIBERINVS.

Estre Roy tout à fait & sçauoir reprimer.
AGRIPPA.
Pour estre Roy, Seigneur, est-on exempt d'aymer?
Pour auoir pris vn Sceptre en est-on moins sensible?
Le Throsne aux traits d'Amour est-il inaccessible?
Pensez vous qu'à ce Dieu les Rois ne doiuent rien?
Et qu'il soit quelqu'Empire independant du sien?
TIRRHENE.
Ah! quittez ces erreurs; l'Amour, & ses chimeres,
Sont des amusements pour des Ames vulgaires,
La foiblesse sied mal à qui donne des loix,
Et la seule grandeur est l'amour des grands Rois.
Agissez comme eust fait Tiberinus luy mesme.
AGRIPPA.
Mais il aymoit ma Sœur, voulez-vous que ie l'ayme?
Que ie presse vn himen horrible, incestueux?
TIRRHENE.
Non, vn crime de vous n'est pas ce que ie veux,
L'heur de vous voir au thrône à mes vœux peut suffire,
Mais ne hazardez point cette gloire où i'aspire,
Ie veux que mon sang regne, & c'est ma passion.
AGRIPPA.
Quel mal fait mon amour à vostre ambition?
Lauinie est le charme où mon ame est sensible,
Son Cœur auec le Sceptre est-il incompatible?
Quel peril voyez-vous à luy tout reueler?
TIRRHENE.
Elle est ieune, elle est fille, & pourroit trop parler.
Fiez-vous à moy seul: tout m'allarme, & me blesse,
Tout m'est suspect d'ailleurs, l'Amour, vous, la Prin-
    cesse,
Les Amants osent trop, l'amour est indiscret,
La Nature est plus seure, & plus propre au secret,
Quand mesme Lauinie auroit l'art de se taire,
Vous ne vous pourriez pas empescher de luy plaire,

AGRIPPA,
Et si vous luy plaisiez, on verroit aisement,
Que Lauinie en vous connoistroit son amant.
Pour mieux garder le sceptre, il faut soufrir sa haine,
Et payer à ce prix la grandeur Souueraine.

AGRIPPA.

Ah! vous n'estimez point ce prix si grand qu'il est,
Et le Sceptre n'est pas si doux qu'il vous paroist.
Depuis que vostre soin à qui ie m'abandonne,
A voulu sur ma teste attacher la Couronne,
Ie n'ay point ressenty cette felicité,
Et ces vaines douceurs, dont vous m'auiez flatté.
Ie vois incessament le Ciel qui me menace :
Les tesmoins de la mort du Roy pour qui ie passe,
Et qui m'aydoient à prendre vn rang si glorieux,
Dans le premier Combat perirent à mes yeux ;
Sur cét obiet encor ma veuë estoit baissée,
Lors que d'vn trait fatal i'eus cette main percée,
Comme si le Ciel iuste eust voulu la punir
Du Sceptre desrobé qu'elle osoit soutenir.

TIRRHENE.

Ne craignez rien du Ciel, il vous est fauorable,
Bien qu'à Tiberinus vous soyez tout semblable :
Les tesmoins de sa mort pouuoient vous découurir,
Et le Ciel vous fit grace en les faisant perir.
Vostre main sans ce coup eust mesme pû vous nuire,
On vous eust pû connoistre à la façon d'eserire,
Et pour vous donner lieu de regner sans frayeur,
Le coup qui le perça fut vn coup de faueur.
Le sort comble auec soin vostre regne de gloire,
Vous auez entassé victoire sur victoire,
Et venez de forcer les Rutules deffaits,
Apres cent vains efforts, à demander la Paix.
Si du Prince en regnant vous occupez la place,
La Iustice du Ciel vous y met, & l'en chasse,

OV LE FAVX TIBERINVS.

Noircy de cent forfaits qui l'ont deshonoré,
Au dernier attentat il s'estoit preparé;
Et sans l'amour qu'il prit depuis pour Lauinie,
Par qui l'ambition de son cœur fut bannie,
Malgré le nœud du sang, de fureur transporté,
Sur Tiberinus mesme il auroit attenté.
Regnez mieux qu'il n'eust fait, meritez la Couronne,
Mezence en est indigne, & le Ciel vous la donne;
Et puis qu'icy les Roys sont les portraits des Dieux,
Faites en vn en vous qui leur ressemble mieux.

AGRIPPA.

Le throsne eust pu changer ses injustes maximes,
Respectons sa naissance, en detestant ses crimes,
Noircy d'impietez, de meurtres, d'attentats,
Il sort tousiours d'Ænée.

TIRRHENE.

              Et n'en sortons nous pas ?
Le sang des Dieux qu'Ænée a transmis à sa race,
Dans le cœur de Mezence & s'altere & s'efface;
Quoy que plus loin en nous l'esclat s'en soustient
  mieux,
Et s'il est de plus pres sorty du sang des Dieux,
Le pur sang des Heros, quand la vertu l'anime,
Vaut bien le sang des Dieux corrompu par le crime;
Il se mocque des loix, se rit des immortels,
Ses forfaits ont passé iusques sur les Autels,
Et les Dieux offencez pour en tirer vengeance,
Auec eux contre luy vous font d'intelligence,
Pour l'esloigner du Throsne, & pour le luy rauir,
C'est de vous que le Ciel a voulu se seruir,
Vous estes l'instrument sur qui son choix s'arreste,
Et puis qu'il veut enfin emprunter vostre teste,
Souffrez y la Couronne, & vous representez
Que c'est à tous les Dieux à qui vous la prestez.

AGRIPPA.
Accommodez ma flame auec le Diademe.
Ie consens à regner, mais consentez que i'aime.

TIRRHENE.
L'amour de Lauinie expose trop nos iours,
Si vous voulez aimer, prenez d'autres amours.

AGRIPPA.
Ie ne sçaurois rien voir de plus aimable qu'elle.

TIRRHENE.
Regardez la Couronne, elle est encor plus belle.

AGRIPPA.
Ie suis amant, Seigneur, & vous ambitieux,
Et nous ne voyons pas auec les mesmes yeux.
Le Sceptre que i'ay pris ne m'a iamais sceu plaire
Qu'autant qu'à mon amour ie l'ay creu necessaire:
Mezence estoit amant, en mesme lieu que moy,
Et pouuoit estre heureux s'il fût deuenu Roy.

TIRRHENE.
Il garde encor ses feux, gardez le Diadesme.

AGRIPPA.
Mais sous le nom du Roy du moins soufrez que i'aime.

TIRRHENE.
Sous ce nom odieux vous serez mesprisé

AGRIPPA.
Ah! qu'vn mespris est doux, sous vn nom supposé!
Caché sous les faux trais d'vn Prince, où Lauinie
Ne croit voir qu'vn Tyran qui m'arracha la vie,
Sa rigueur n'aura rien que de charmant pour moy,
Ses dédains me feront des garents de sa foy.
Comme assassin ensemble, & riual de moy-mesme,
Son couroux me doit estre vne faueur extreme,
Et pour mieux m'exprimer sa tendresse, en ce iour,
La haine seruira d'interprette à l'amour.

TIRRHENE.

Hé bien, flattez vos feux de cette douceur vaine,
Et perdant son amour iouïssez de sa haine;
Sondez iusqu'où pour vous son cœur est enflamé,
Et sous vn nom hay goustez l'heur d'estre aymé.
I'ay d'importans secrets dont ie doy vous instruire,
Mais vn long entretien icy nous pourroit nuire.
Tirant le corps du Roy, sous vostre nom, des flots,
A ses Manes errans je rendis le repos;
Ie fis seul son Bucher, & ramassay la cendre;
Et chacun dans mon deuil s'est si bien sceu mes-
  prendre,
Que tous les factieux trompez par mes regrets,
Se sont ouuerts à moy de leurs complots secrets.
Pour nous reuoir, feignez d'en vouloir à ma Teste,
Auant la fin du jour commandez qu'on m'arreste;
Vous m'examinerez, & ie prendray ce temps
Pour vous dire les noms de tous les mescontens.
Cependant contre moy, paroissez en furie,
Dites que mes conseils ont fait fuir Lauinie,
Menacez, & d'abord m'ordonnez en couroux,
De n'aprocher iamais ny d'elle ny de vous.

AGRIPPA.

De ce que ie vous doy faire si peu de conte!

TIRRHENE.

Vn mespris qui vous sert ne me peut faire honte;
Ie vous deffends moy-mesme icy de m'espargner,
Ma veritable gloire est de vous voir regner.

Fin du premier Acte.

ACTE II.

SCENE PREMIERE.

ALBINE, IVLIE.

IVLIE.

CE Palais n'est pour vous qu'vn objet de tristesse.
Pouuez-vous y rentrer?

ALBINE.

C'est pour voir la Princesse.
L'amitié, tu le sçais, nous vnit fortement,
Au frere que ie pers, elle perd vn amant,
Et meslant nos ennuis, qui par là s'adoucissent,
Outre nostre amitié, nos malheurs nous vnissent.
Mezence m'a trop tost contrainte à la quitter;
Et sentant aujourd'huy tous mes maux s'augmenter,
I'en veux aller chez elle adoucir l'amertume.
Mais la porte est fermée, & contre la coutume.

IVLIE.

Peut-estre, que le Roy de son deüil aduerty,
Est entré pour la voir, & qu'il n'est pas sorty.

ALBINE.

S'il est vray, ie l'attens, & pleine de furie,
Ie veux luy reprocher sa lasche barbarie,
Et dans l'ennuy mortel dont mon cœur est pressé,
Luy demander raison du sang qu'il a versé.
Ie veux enfin: mais Dieux! puis-je bien t'en instruire?

IVLIE.

Qui vous fait hesiter? craignez-vous de me dire
Que vous le hayssez? & qu'vn couroux puissant

OV LE FAVX TIBERINVS.

ALBINE
Pour dire que l'on hait l'on n'hesite pas tant.
IVLIE
Le meurtrier d'vn frere à qui le sang vous lie,
Pourroit vous plaire encor?
ALBINE
I'en ay bien peur, Iulie!
Et mon mal à tes yeux cherche à se decouurir,
Afin que tes conseils m'aident à m'en guerir.
L'ingrat! qu'il me fut doux autres fois de luy plaire!
IVLIE
Songez que maintenant il vous priue d'vn frere.
ALBINE
Il m'oste beaucoup plus encor que tu ne crois,
Il m'a rauy mon frere, & son cœur, à la fois.
Depuis le coup fatal dont mon Pere l'accuse,
Ie n'ay point de sa part receu la moindre excuse,
L'ingrat pour m'appaiser, n'a pris aucun soucy,
Et si mon frere est mort, son amour l'est aussi.
IVLIE
Vous ne deuez pleurer qu'vn frere plein de gloire.
ALBINE
Il m'estoit cher, Iulie, & plus qu'on ne peut croire.
Pour vn frere iamais le sang auec chaleur,
Ne mit tant de tendresse en l'ame d'vne sœur,
Et la nature exprés, pour me le rendre aymable,
Sçeut mesme à mon Amant le former tout semblable.
Ie l'aymois cherement, & sensible à son sort,
I'offre encor tous les iours des larmes à sa mort;
Mais l'Amant que ie pers n'ayant que trop de char-
    mes,
Mon frere, à dire vray, n'a pas toutes mes larmes,
Et son Tiran encor trop cher à mes desirs,
Luy desrobe en secret beaucoup de mes soupirs.
I'ay beau les refuser à cét Amant si lache,
Quand j'en donne au deuoir, le depit m'en arrache;

AGRIPPA,

Et l'amour, malgré moy, meslé dans mes douleurs,
Partage, auec le sang, mes soupirs & mes pleurs.

IVLIE.

Rappellez, pour hair cet assassin d'vn frere,
Ce que de ses fureurs raconte vostre Pere.

ALBINE.

Mon Pere à le haïr tâche de m'animer;
Mais luy mesme autrefois m'ordonna de l'aymer,
Si i'ay me iniustement, j'aimay d'abord sans crime,
I'en receus de sa bouche vn ordre legitime,
Et d'ordinaire on sçait beaucoup mieux obeïr,
Lors qu'il s'agit d'aymer, que lors qu'il faut haïr.
Ie l'aimay par deuoir, ie l'ayme par coutume :
Et dés qu'on a soufert qu' vn premier feu s'allume,
Iulie, on s'aperçoit qu'il est si doux d'aymer,
Qu'on peut malaisément s'en desacoutumer.

IVLIE.

Ie n'ose auoir pour vous l'iniuste complaisance,
D'excuser laschement vn feu qui vous offence,
Ce seroit vous trahir que vouloir vous flatter.

ALBINE.

Ie ne t'ay dit mon mal que pour y resister,
Et seule estant trop foible à combatre ma flame,
I'appelle tes conseils au secours de mon ame.

IVLIE.

Pour fuir ce feu funeste, & trop honteux pour vous,
Il faut....

ALBINE.

N'acheue pas, mon Pere vient à nous.

SCENE. II.
TIRRHENE, ALBINE, IVLIE.
TIRRHENE.

O Dure tirannie! ô rigueur inhumaine!
Viens prendre part, Albine, à l'excez de ma peine.

OV LE FAVX TIBERINVS

ALBINE.
Qui peut cauſer, ſeigneur, le trouble où ie vous voy?
TIRRHENE.
Vn outrage nouueau que i'ay receu du Roy.
Mais, Iulie, obſeruez ſi l'on peut nous entendre,
Sans plainte & ſans tranſport ie ne puis te l'aprendre,
Et pour perdre les ſiens, ſi-toſt qu'il l'entreprend,
La plainte la plus iuſte eſt vn crime aſſez grand.
Lauinie a tantoſt refuſé ſa viſite;
Et croyant, qu'en ſecret, contre luy ie l'irrite,
Si i'oſe la reuoir, il vient de m'aſſurer,
Qu'à perir auſſi-toſt, ie me dois preparer.
Sa fureur cherche encore à me ioindre à ton frere;
Tout le ſang de mon fils ne l'a pû ſatisfaire,
Et la ſoif qu'il en a ne ſe peut appaiſer,
Si iuſques dans ſa ſource il ne vient l'eſpuiſer.
Ce n'eſt pas que la vie ait pour moy quelques char-
    mes,
Ie n'ouure plus les yeux que pour verſer des larmes;
Mais te voyant encore, & jeune, & ſans ſecours,
Ie doy prendre pour toy quelque ſoin de mes jours.
ALBINE.
Puis qu'on ne vous deffend que de voir Lauinie,
Daignez donc prendre encor ce ſoin pour voſtre vie;
Ou ſi vous la voyez, engagez la, Seigneur,
A voir du moins le Roy pour calmer ſa fureur,
Et de peur que ſur vous, ſa cruauté n'eſclatte,
Par quelques faux reſpects ſoufrez qu'elle le flatte.
TIRRHENE.
Tu veux que ie l'engage à flatter ſon amour!
ALBINE.
Son amour!
TIRRHENE
    Ce ſecret enfin paroiſt au jour.
Il vouloit aborder la Princeſſe ſans ſuitte;
Et brulant de depit de voir qu'elle l'euite,

AGRIPPA,

Dans son premier transport il ne m'a pû cacher,
Que pour elle en secret l'amour l'a sceu toucher;
Qu'il n'immola mon fils qu'à cette ardeur couuerte,
Que sur leur ressemblance il pretexta sa perte,
Mais que ce fut l'amour qui seul luy fut fatal,
Et qu'il ne le perdit que comme son Riual.
Veux-tu me voir seruir, aupres de Lauinie,
Vn feu qui de ton frere a fait trancher la vie,
Et mettre enfin, de peur de le suiure au Tombeau,
Le cœur de sa Maitresse aux mains de son boureau.

ALBINE.

Non, cette lacheté, Seigneur, seroit infame;
Opposez vous pluftost à cette indigne flame,
Irritez Lauinie, & tâchez auiourd'huy,
De redoubler encor l'horreur qu'elle a pour luy.

TIRRHENE.

C'est aussi maintenant le soucy qui me presse.

ALBINE.

Mais c'est vous exposer que de voir la Princesse,
Le Tiran vous perdra, s'il vient à le sçauoir,
Et sans aucun peril ie puis encor la voir.
Laissez moy tout le soin d'animer son courage.

TIRRHENE.

Va donc, parle, agis, presse; & mets tout en vsage
Pour nuire à ce Barbare, & le faire haïr.

ALBINE.

Ie vous respons, Seigneur, de vous bien obeïr.
Ouy, Iulie, en effet ie vais me satisfaire,
Et seruir à la fois mon depit, & mon pere,
Si la Princesse en croit mon violent transport.....
Mais on ouure chez elle, & ie la voy qui sort.

SCENE III.
LAVINIE, ALBINE, CAMILLE, IVLIE.

LAVINIE.

I'Allois vous voir, Albine, & confuse & troublée,
Vous dire vn nouueau mal dont ie suis accablée.
Le fier Tiberinus contre moy declaré,
Soüillé qu'il est du sang d'vn Heros adoré,
Par vne cruauté qui toufiours continuë,
Veut encor m'exposer à l'horreur de sa veuë.

ALBINE.

Sa fureur va plus loin que d'offrir à vos yeux,
Le bras qui fit couler vn sang si precieux;
Il porte plus auant son iniustice extreme.

LAVINIE.

Que peut-il faire plus le Barbare?

ALBINE.

Il vous aime.

LAVINIE.

Ah! de quel coup affreux frapez-vous mes esprits!

ALBINE.

Mon pere qui l'a sceu me l'a luy-mesme apris,
Et sans vn ordre exprés de fuir vostre presence,
Il vous en eust donné la fatale asseurance;
Ce feu perdit mon frere, & luy cousta le iour.

LAVINIE.

Helas! luy-mesme, Albine, ignoroit mon amour.
Toufiours, vn fier orgueil, tant qu'a vescu ton frere,
S'il m'a permis d'aymer, m'a contrainte à le taire,
I'ay caché tous mes feux auec des soins trop grands.

ALBINE.

Ah! qu'vn Riual ialoux à les yeux penetrans!

AGRIPPA

Il aura, malgré vous, esclairé par sa flame,
Surpris dans vos regars, le secret de votre Ame,
Et si dans le Tombeau mon Frere est descendu,
C'est pour l'avoir aymé, que vous l'auez perdu.
Cette flame fatale auiourd'huy découuerte,
Vous coustant votre amant, vous charge de sa perte,
Et pour trancher ses iours, cét Amour odieux
Fut vn foudre mortel allumé par vos yeux.
Le Tiran, à ses feux donnant cette victime,
Vous a sceu malgré vous, engager dans son crime,
Et perdant ce Heros par vn ialoux transport,
A rendu votre amour complice de sa mort.

LAVINIE.
A ce penser horrible, à cette affreuse Image,
Vous me voyez fremir & d'horreur, & de rage.
Ah Barbare! ah Tiran! tremble, & crains ma fureur.

ALBINE.
Vous ne sçauriez pour luy, conceuoir trop d'horreur,
Il est digne en effect de toute votre haine.
Ouy, pour cét inhumain rendez-vous inhumaine.
Votre colére est iuste, & loin d'y resister,
Contre vn si lasche amant i'ayme à vous irriter:
Puisque son crime vient de l'amour qui l'anime,
Faites son chastiment de ce qui fit son crime;
D'vn eternel mespris payant ses cruels vœux,
De l'autheur de vos maux faites vn mal-heureux.
Votre vengeance est seure & dépend de vous même,
Pour punir ce Tiran il suffit qu'il vous ayme,
Et l'amour dôt son Cœur suit l'empire auiourd'huy,
Est du moins vn Tiran aussi cruel que luy.

LAVINIE.
Ce n'est pas où ie veux que ma haine en demeure,
Elle ira bien plus loin, Albine, il faut qu'il meure.
Le sang qu'il a versé demande tout le sien,
Si ie respire encor, c'est pour ce dernier bien.

OV LE FAVX TIBERINVS.

Apres mon Amant mort, il m'est honteux de viure,
Mon Cœur dans le tombeau tarde trop à le suiure,
Mais ie luy doy vengeance, & mon cœur affligé
N'ose le suiure encor qu'apres l'auoir vengé.
Le Tiran de retour à mes fureurs se liure,
Au bien qu'il m'a fait perdre, il a sceu trop suruiure,
Et si mes vœux ardents sont exaucez des Dieux,
Ce iour est le dernier qui doit luyre à ses yeux.
Ie brule dans sa mort de gouster l'auantage
Mais quel soudain effroy paroist sur ton visage?

ALBINE.
Ie tremble des perils où vous semblez courir.

LAVINIE.
Quoyque puisse vn Tiran, du moins il peut mourir,
L'Amour au desespoir ne void rien d'impossible,
Tiberinus n'a pas vn cœur inaccessible,
Tant de bras contre luy s'vniront auec moy,
Qu'il ne te doit rester aucun suiet d'effroy.
I'ay fait des Partisans, Mezence est temeraire,
Et pour seruir ma haine ay me assez à me plaire.
Fais que de son costé, ton Pere prenne soin
De tenir ses amis preparez au besoin.
Mais le Roy va passer.

ALBINE.
Les gardes paroissent.

     Euitez ce Barbare.
Lauinie rentre & Albine continuë.
L'ingrat merite assez le sort qu'on luy prepare,
Et toutefois....

IVLIE.
   Songez vous mesme à l'euiter,
Il vient.

ALBINE.
   Si ie le voy, c'est pour mieux m'irriter.

SCENE IV.
AGRIPPA, ALBINE, IVLIE, *suitte.*

AGRIPPA.

LE fort m'offre vn bonheur où ie n'ofois pretendre,
Ie fçay quels fentimens pour moy vous deuez
 prendre,
Madame, & i'auoüeray que le bien de vous voir,
Eftoit vne douceur qui paffoit mon efpoir.

ALBINE.

Il n'eſt pas mal-aifé de connoiftre à mes larmes,
Ce qu'au bien de me voir vos yeux treuuent de char-
 -mes :
Et d'vn frere meurtry tout le fang épanché
Môtre à quel poinct pour moy, vôtre cœur eſt touché.

AGRIPPA.

Ie ne fuis point furpris de voir voftre colere,
Ie vous ay fait outrage en vous oftant vn frere ;
De fes traits & des miens le merueilleux raport
Ne fçauroit enuers vous iuftifier fa mort ;
Tout ce que d'vne erreur on auoit lieu de craindre,
Ny l'intereſt d'Eſtat....

ALBINE.

     Non, non, ceffez de feindre.
Ie fçay quel intereſt fut en vous le plus fort ;
L'Eſtat moins que l'amour eut part à cette mort ;
Et vous facrifiant cette illuftre victime,
L'Eſtat fit le pretexte, & l'amour fit le crime.
Vos feux pour Lauinie armerent voſtre bras.

AGRIPPA.

Ie voy qu'on vous l'a dit, & ne m'en deffens pas ;
Auffi bien, fi i'en croy le fang qui vous anime,
Pretendre à voſtre cœur feroit vn nouueau crime ;
Et tout ce qu'a l'amour d'innocent & de doux,
N'auroit rien deformais, que d'affreux parmy nous.

ALBINE

ALBINE.

J'ay dû peu m'étonner que vostre ame inhumaine,
Pour se donner ailleurs m'ait pû quitter sans peine ;
Vous trouuastes d'abord dans ce change fatal,
Vn grand crime à commettre en perdant vn Riual,
Et n'eussiez eû iamais, ne cherchant qu'à me plaire,
De Riuaux à détruire, & de crimes à faire.
De vôtre amour pour moy, vous fustes rebuté
Par le trop d'innocence, & de facilité ;
Vous ne pouuiez m'aymer que d'vn feu legitime,
Mais riē nevous est doux, s'il ne vous coûte vn crime.
Et vôtre ame aux forfaits vnie estroitement,
Se fut fait trop d'effort d'aymer innocemment.

AGRIPPA.

Esclattez, & traittez mon feu pour Lauinie,
De noire trahison, de lasche Tyrannie,
Nommez moy criminel d'adorer ses apas,
Le crime en est si beau, que ie n'en rougis pas.
Mon cœur se treuue exempt, dās des flâmes si belles,
Des remors attachez aux flâmes criminelles,
Et quoy qu'auparauant noircy de trahison,
Mon amour, est en paix, auecque ma Raison.

ALBINE.

L'absence des remors, est, dans vn cœur coupable,
D'vn Tyran acheué la marque indubitable,
Et c'est où peut monter la derniere fureur
D'estre au côble du crime, & n'en voir plus l'horreur.
Apres les noirs forfaits que cet amour vous couste,
Vostre ame doit fremir de la paix qu'elle gouste.
Tant qu'vn remords demeure en l'ame d'vn mes-
   chant,
Il a vers l'innocence encore quelque penchent ;
C'est toûjours dans vn cœur où la fureur domine,
De la vertu bannie vn reste de racine,

B

Mais ce reste est destruit quand on est sans combat
Et l'on ne guerit point d'vn mal qu'on ne sent pas.
AGRIPPA.
Si la perte d'vn frere est tout ce qui vous blesse,
Vous n'aurez rien perdu que vôtre douleur cesse;
Ie vous offre en moy-mesme vn frere plein d'ardeur,
Vous aurez mon estime au deffaut de mon cœur.
ALBINE.
Vôtre estime? ah du moins, dites moy par quel crime,
I'ay pû la meriter cette honteuse estime?
Et puis que les forfaits ont pour vous tant d'apas,
Dequoy m'accusez vous pour ne me haïr pas?
Pour m'offrir vn barbare, vn Tyran pour mon frere?
AGRIPPA.
Mon estime s'augmente auec vôtre colere :
Et, quelqu'indignité qu'il m'en faille souffrir,
Loin de m'en irriter ie m'en sens attendrir.
Le sang fait plus en vous, que ie ne l'osois croire;
I'ay mesme, ie l'auouë, eû peur, pour vostre gloire:
Il m'a semblé, d'abord, qu'vn peu d'émotion
A trahy dans vos yeux vôtre indignation,
Et qu'encore, à ma veuë, vn vieux reste de flame
S'est, à trauers la haine, eschapé de vôtre ame.
ALBINE.
Ie n'ay pour vous qu'horreur, n'en doutez nullement,
Si mes yeux ont osé vous parler autrement,
S'ils ont rien auancé dont vôtre orgüeil se loüe,
Ce sont des imposteurs que mon cœur desauouë.
Ce cœur, fut, pour ma honte, offert à vos souhaits,
Mais la mort d'Agrippa vous l'osta pour iamais,
Si tost que vos fureurs eurent coupé sa trame,
L'Amour, tout indigné, s'arracha de mon ame.
La Nature outragée en vint briser les nœuds,
Et dans le sang d'vn frere, esteignit tous mes feux,

OV LE FAVX TIBERINVS. 27

Peut-eſtre, qu'en effet, vôtre premiere veüe
A ſurpris, dans mes yeux, mon ame encore eſmeuë;
Mais, ſçachez que la haine, agiſſant à ſon tour,
A ſes émotions, auſſi bien que l'amour :
Que l'abord odieux du Tyran qui m'outrage
A pû d'vn frere mort me retracer l'Image,
Et qu'il eſt naturel, que le ſang offencé
S'eſmeuue en approchant du bras qui l'a verſé.

AGRIPPA.

Ie n'inuiteray point vôtre haine à s'éteindre;
Ces mouuemens du ſang, ſont trop beaux pour m'en
    plaindre,
Et vôtre cœur par eux, ſe montre eſgalement,
Digne d'vn frere illuſtre, & d'vn illuſtre amant.
Apres ce que pour vous i'ay conçeu de tendreſſe,
Dans voſtre gloire encor mon ame s'intereſſe,
Vous deuez me hair, & j'aurois peine à voir,
Qu'vn cœur qui me fut cher ſoûtint mal ſon deuoir.
Ie veux meſme vous fuïr, de crainte que ma veüe
N'altere dans ce cœur la haine qui m'eſt deuë,
Et qu'au fonds de vôtre ame, vn charme encore trop
    doux,
N'excite rien pour moy, qui ſoit honteux pour vous.
Ie ſçay bien qu'vne offence irrite vn grand courage,
On s'arrache à l'amour quand ce qu'on aime outra-
    ge;
Mais tant qu'on ſe peut voir, l'amour a des retours
Où tout cœur court hazard de retomber toûjours.
Ie veux en m'éloignant vous ſauuer cette peine,
Et mettre en ſeureté l'honneur de vôtre haine.

SCENE V.
ALBINE, IVLIE.

Pour te faire haïr, va, ne prens aucun soin,
Graces à tes forfaits, tu n'en as plus besoin.
Ne crains plus mon amour, Tyran, crains ma vengeance;
Croy que j'en veux encore à ton cœur qui m'offece,
Non plus pour l'attendrir, mais pour le déchirer,
Et goûter la douceur de le voir expirer.
Ah! Iulie, à ce coup, ie sens mourir ma flame
C'en est fait, le dépit l'estouffe dans mon ame,
Et ce que j'eus de feux ne sert plus seulement,
Qu'à grossir les ardeurs de mon ressentiment.
Le Tyran me fait grace en me trouuāt sans charmes,
Ie ne veux plus de luy de soûpirs ny de larmes,
C'est à verser son sang que tendent tous mes vœux,
Et ses derniers soûpirs, sont les seuls que ie veux.
Allons prester nos soins pour hâter son suplice,
Mon frere & mon dépit veulent ce sacrifice;
Et le sang, & l'amour, à la fois outragez,
Sont trop forts, estant joints, pour n'être pas vangez.

Fin du second Acte.

ACTE III.

SCENE I.
FAVSTE, MEZENCE,

FAVSTE.

 Voy! tant de mécontens qui s'offrent dans
   l'armée
Dont la valeur paroist du repos allarmée,
Et dont les bras hardis sont mal accoustu-
   més
A se voir par la paix oisifs & des-armés,
Ioints aux secrets amis dont pour vous Albe est
   pleine,
Tous, pour vos interests prests d'éclater sans peine,
N'éueillent point en vous l'ambitieuse ardeur
Qui jadis pour le trône animoit vostre cœur?

B iij

AGRIPPA
MEZENCE.

Fauste, ie suis amant, & depuis qu'on soupire,
A peine à l'amour seul tout vn cœur peut suffire,
Et cette impetueuse & fiere passion
A du mien malgré moy chassé l'ambition.
Pour m'éleuer au Thrône, auant que la Princesse
M'eut forcé de me rédre au beau traict qui me blesse,
La honte d'obeïr, & l'ardeur de regner
M'eut fait tout entreprendre & ne rien épargner ;
I'eusse aux derniers forfaits abandonné mon ame :
Mais, depuis que ses yeux ont allumé ma flame,
Mon cœur purifié par leurs feux tout-puissants
N'a plus osé former que des vœux innocens :
Tout mon bon-heur depéd du cœur de ce que j'aime,
Et s'il pouuoit se rendre à mon amour extreme,
Ie ne changerois pas vn bien si precieux,
Pour la felicité ny des Rois, ny des Dieux.

FAVSTE.
Le Roy vient vers l'endroit où loge la Princesse.

MEZENCE.
Il s'arreste en resuant, quelque soucy le presse.

SCENE II.

AGRIPPA, ATYS, MEZENCE, FAVSTE.

MEZENCE.

Sans paroistre indiscret puis-je estre curieux,
Seigneur ? Quel noir chagrin se monstre dans vos yeux ?
Tout conspire à l'enuy pour remplir vôtre attente,
Vous reuenés vainqueur d'vne guerre sanglante,

OV LE FAVX TIBERINVS.

Et ramenés ensemble au gré de vos desirs
La victoire & la Paix, l'Honneur & les Plaisirs.
Dans vn destin si beau quelle humeur sombre &
 noire,
Ose aller jusqu'à vous à trauers tant de gloire ?
Où trouués vous encore à former des souhaits ?
Et qui vous peut troubler dans le sein de la Paix ?

AGRIPPA.

Tout paroist en effect m'applaudir sur la terre,
Ie reuiens glorieux d'vne sanglante guerre,
Apres d'heureux exploits j'ay finy nos combats,
Tout est tranquile icy, mais mon cœur ne l'est pas.
Ie ne sçaurois joüir du repos que ie donne,
Rarement on le gouste auec vne Couronne,
Et le calme qu'on trouue apres d'heureux exploits,
Est fait pour les Sujets, & non pas pour les Rois.

MEZENCE.

Les Rois heureux n'ont pas des soucis sans relache,
La fortune sans cesse à tous vos vœux s'attache,
Et tout exprés pour vous, sans iamais se lasser,
A sa propre inconstance a semblé renoncer.

AGRIPPA.

Il est vray, jusqu'icy la Fortune constante
A preuenu mes vœux & passé mon attente :
Mais la Fortune seule a t-elle entre ses mains
Dequoy pouuoir remplir tous les vœux des humains?
Nous sommes dépendans par des loix éternelles
De deux Diuinités aueugles & cruelles ;
On les voit rarement nous flater tour à tour,
Et seur de la Fortune, on doit craindre l'Amour.

MEZENCE.

Ie suis surpris qu'Albine encor puisse vous plaire,
Elle dont vous aués sacrifié le Frere.

B iiij

AGRIPPA.

Mon amour vient d'ailleurs, & vous l'ayant appris
Ie m'attens à vous voir encore plus surpris ;
Ma flame pour Albine est pour iamais finie,
Mais, pour vous dire tout, j'ayme enfin Lauinie.

MEZENCE.

Lauinie !

AGRIPPA.

A ce mot j'entends vostre douleur,
Ie connoy que ce coup vous perce jusqu'au cœur,
I'entends tous vos soupirs se plaindre de ma flame;
Ie sçay que Lauinie a sçeu charmer vôtre ame,
I'ay regret de l'aymer quand vous l'aimés aussi,
Mais il plaist à l'Amour d'en ordonner ainsi.

MEZENCE.

Malgré l'ennuy profond que ie vous fais paroistre,
Et dont tout mon respect est à peine le Maistre,
Ie sçay qu'en ma faueur ie ne pourrois qu'à tort
Pretendre que mon Roy se fist le moindre effort.
Ie ne vous feray point de plaintes indiscrettes,
Ie sçay trop qui ie suis, ie sçay trop qui vous estes,
Et ce que la hauteur du rang où ie me voy
Laisse encore de distance entre vn Monarque & moy.
Quoy que ie sois sorty du sang qui vous fit naistre,
Ie suis toûjours sujet, quoy qu'enfin ie puisse estre ;
Et les fronts couronnés dans leur sort glorieux,
N'ont pour leurs vrais parens que les Rois ou les
    Dieux.
Le sang n'est entre nous qu'vne chaîne imparfaite
Qui rend ma dépendance encore plus étraitte,
Et le thrône est si haut, Seigneur, qu'auprés des Rois
La Nature est sujette & le sang est sans droits.
Ce n'est donc pas pour moy qu'il faut que ie vous
    presse
D'étouffer, s'il se peut, vos feux pour la Princesse,

OV LE FAVX TIBERINVS.

Et fi j'ose en parler, je ne vous diray rien
Que pour voftre intereft sans regarder le mien,
Daignés vous épargner l'indignité cruelle
De voir payer vos foins d'vne horreur eternelle.
L'amant de la Princeffe immolé par vos coups
Vous a fait pour jamais l'objet de son courroux;
Pour vous en faire aymer voftre puiffance eft vaine,
Son ame n'eft pour vous capable que de haine,
Et c'eft souffrir, Seigneur, mille maux tour à tour,
D'exciter de la haine où l'on prend de l'amour.
La rigueur dont l'ingratte a payé ma conftance
M'en a fait faire affés la trifte experience,
Et d'vn feu fi fatal vous ferés peu tenté,
Si vous confiderés ce qu'il m'en a coufté.

AGRIPPA.

La rigueur où pour vous la Princeffe se porte
Loin de me rebutter rend ma flame plus forte;
Forcé de foupirer il doit m'eftre bien doux
Que ce foit pour vn cœur qui ne puiffe eftre à vous.
C'eft vn bien où mon ame eft d'autant plus fenfible,
Que pour vous la conquefte en paroift impoffible,
Plus je vous voy hay, plus je fuis enflammé,
Et n'aymerois pas tant fi vous eftiés aymé.

MEZENCE.

Mais fa rigueur pour vous eft encor plus certaine;
Vous ne vaincrés jamais les fureurs de fa haine,
Et jamais vn grand Roy par la gloire animé
Ne doit paroiftre amant s'il n'eft feur d'eftre aymé.
Il eft de la grandeur de voftre rang fupreme
De menager en vous l'honneur du Diademe,
Et de n'expofer pas par d'inutiles vœux
La majefté du trône à des mepris honteux.

B v

AGRIPPA

Ie connois sur ce point tout ce que je doy croire,
Ne craignés rié pour moy j'auray soin de ma gloire,
Et l'honneur de mon rang dans mes vœux empressés
Ne court pas vn peril si grand que vous pensés.
La Princesse me hait, mais il est peu de haines
Qui ne se laissent vaincre aux grandeurs souueraines,
Et le sceptre en mes mains peut estre assés charmant,
Pour luy faire oublier tout le sang d'vn amant.

MEZENCE.

Ah! ne vous flattés point d'vne si vaine attente,
Seigneur, pour Agrippa son ame est trop constante,
Et dans son cœur pour vous à la haine obstiné
Cét amant quoy que mort est trop enraciné.
Vouloir l'en arracher c'est tenter l'impossible,
C'est l'objet de tendresse où seul elle est sensible,
Et vous ne sçauriés croire à quel ardent couroux
Vn sang si precieux l'anime contre vous.
Vostre couronne encor fut elle plus charmante,
Teint d'vn sang si chery tout de vous l'épouuante,
A vostre nom ses yeux sont de rage allumés,
Et sa fureur est telle....

AGRIPPA.

                Ah! que vous me charmés!
Qu'il m'est doux de trouuer tant de fermeté d'ame,
Tant d'amour, tát de foy, dans l'objet de ma flame!
Et de voir que l'amour en m'imposant des loix
Ayt pris soin de me faire vn si glorieux choix!
Ah! Prince! que d'vn cœur si tendre & si fidelle
La conqueste doit estre & precieuse & belle!
Et qu'vn si rare prix sous l'amoureuse loy
Est digne d'occuper tous les vœux d'vn grand Roy!

MEZENCE.

Mais songés vous qu'vn cœur si fidelle & si tendre
Est vn prix que jamais vous ne pouués pretendre?

Que vos feux vont encor redoubler sa fureur ?
Qu'en vain....
AGRIPPA.
Que j'ay pitié, Prince, de vostre erreur !
L'espoir de voir sur moy tomber toute sa haine
Flatte déja sans doute en secret vostre peine,
Et vous fait presumer que son cœur en courroux
En s'aigrissant pour moy s'adoucira pour vous.
Mais sçachés qu'à mō gré je puis m'en rdre maître,
Que pour le devenir je n'ay qu'à vouloir l'estre,
Que j'ay des moyens seurs d'obtenir tant d'appas,
Et ne vous reponds point de ne m'en servir pas.
Pour vous épargner, Prince, vne vaine esperance,
Ma pitié se hazarde à cette confidence ;
Et pour vos bons auis offerts à mon amour,
I'ay crû vous en devoir quelque chose à mon tour.

SCENE III.

MEZENCE, FAVSTE.

MEZENCE.

Fauste, as-tu bien compris jusqu'où va ma disgrace?
Et le barbare effort dont le Roy me menace ?
FAVSTE.
Il en dit trop, Seigneur, à ne vous point flatter,
Pour nous laisser encor quelque lieu d'en douter :
Il ne vous a donné que trop de connissance
Qu'il pretend se servir de toute sa puissance,
Contraindre la Princesse à luy donner la main,
Et faire agir la force où l'amour seroit vain,

AGRIPPA

Vos feux vont receuoir cette atteinte cruelle:
Mais la Princesse sort, je vous laisse auec elle.

SCENE IV.
LAVINIE, MEZENCE.

LAVINIE.

Vous a-t'ô dit, Seigneur, mes nouueaux deplaisirs?
Sçaués vous qu'vn Tyran m'ose offrir ses soupirs?
Et que mes tristes yeux, pour comble de misere,
Au plus lâche des cœurs ont la honte de plaire?

MEZENCE.

Helas! je sçay bien plus, je sçay que malgré vous
Ce fier Riual pretend deuenir vostre époux.

LAVINIE.

Le barbare! ah, Seigneur! s'il est vray que sãs feinte
Pour moy d'vn pur amour vostre ame soit atteinte,
M'abandonnerés vous dans cét estat fatal
Aux attentats affreux d'vn si cruel Riual?

MEZENCE.

Quoy que ce pur amour où je suis si sensible
N'ayt jamais eu pour prix qu'vne haine inuincible,
Il ne balance point, & pour vous secourir
Aux plus mortels dangers il est prest à courir.
Commandés seulement.

LAVINIE.

    Cette entreprise est grande;
C'est la mort du Tyran enfin que ie demande;
Vous hesités! & bien, ne me secourés pas,
Ie sçauray bien sans vous brauer ses attentats:
Pour euiter sa rage, & fuïr sa tyrannie,
Ie sçay trop au besoin comme on sort de la vie,
Et contre les Tyrans qui voudront m'attaquer
La mort est vn secours qui ne peut me manquer.

MEZENCE.

Ah plutost mille fois, viués, belle inhumaine
Au prix fatal du sang qu'exige vostre haine,
Du moins à son deffaut vous aurés tout le mien,
Et je suis trop à vous pour vous refuser rien.
Si j'hesite dabord d'immoler vne vie
A qui le sang m'attache & le deuoir me lie,
C'est bien le moins qu'ont dû ce sang & ce deuoir
Que de ne ceder pas d'abord sans s'émouuoir.
Mais en vain à l'effort où mon cœur se dispose
Des droits les plus sacrés la puissance s'oppose,
Il n'est rien sur mon cœur de si puissant que vous,
Et les droits de l'amour sont les premiers de tous.

LAVINIE.

Ah ! que de cette mort l'agreable promesse
Flatte déja ma haine & suspend ma tristesse !
I'ay fuy toûjours vos soins, mais ce bien m'est si doux,
Que ie consens, sans peine, à le tenir de vous.
Non pas pour le peril dont ce coup me degage
Ie crains peu du Tyran ny l'amour, ny la rage,
Ie vous l'ay déja dit, quoy qu'il puisse attenter,
Qui ne craint pas la mort n'a rien à redouter,
Vanger l'illustre amant dont j'adore la cendre
Est toute la douceur que i'en ose pretendre,
Et luy pouuoir donner du sang apres mes pleurs
Est l'vnique auantage où tendent mes douleurs.
Tous mes vœux sont cõblés, si i'ay l'heur que j'espere
D'offrir cette victime à cette ombre si chere,
Et si je puis gouster le plaisir infiny
De voir sa mort vangée & son Tyran puny.
C'est vn grand bien encor dãs vn malheur extréme
De perdre ce qu'on hait, & vanger ce qu'on ayme,
La fureur assouuie a du charme à son tour,
Et la vangeance est douce au deffaut de l'amour.

MEZENCE.

Ie vous entends, Madame, il faut toûjours m'attēdre
A me voir méprifer pour vn Riual en cendre,
Et vous offrant mon bras vous auês déja peur
Que quelque efpoir leger n'ofe flatter mon cœur.
Hé bien, cruelle, & bien, je prens voftre deffenfe
Sans exiger de vous aucune recompenfe,
Mon cœur depuis le temps qu'il a pû vous aymer
A feruir fans efpoir a dû s'accouftumer.
Ce n'eft pas peu pour moy que l'ingratte que j'ayme
Fie au moins fa vangeance à mon amour extréme,
Et qu'elle engage enfin fon infenfible cœur
A former vne fois des vœux en ma faueur.
Le plus mauuais fuccés n'a rien qui m'epouuante,
Vous m'allés voir perir ou remplir voftre attente,
Et mon fort, quel qu'il foit, ne peut eftre que doux,
Par l'heur de vous feruir, ou de perir pour vous.
Ie cours de mes amis folliciter le zele.

LAVINIE.

Gardés de vous fier à quelque ame infidelle ;
Sur tout affeurés vous Thyrene qui paroit,
Au coup que je demande il doit prendre intereft ;
Mais ma veuë en ces lieux empefche qu'il n'auance,
L'ordre exprés du Tyran luy deffend ma prefence,
Et je vous laiffe feuls refoudre des moyens
De combler promptemét tous mes vœux & les fiens.

SCENE V.
TYRHENE, MEZENCE.
MEZENCE.

Venés fçauoir pour vous combien on s'intereffe
Et quel remede on cherche à l'ennuy qui vous
preffe.

OV LE FAVX TIBERINVS.

TIRENE.
En est-il pour les maux où l'on me voit plongé?
Mon fils peut-il reuiure?

MEZENCE.
      Il peut estre vangé:
La mort du Roy cruel qui termina sa vie
Fait sans doute aujourd'huy vostre plus chere enuie,
Et je viens vous promettre en secondant vos coups
Tout ce que la vangeance eut iamais de plus doux.

THIRENE.
Vous? Seigneur, sur le Roy vous pourriés entreprendre?

MEZENCE.
Pensés vous que je feigne afin de vous surprendre?
N'aués vous pas appris qu'il me veut arracher
L'aymable & seul objet qui seul m'a pû toucher?
Et ne sçaués vous pas quand l'amour est extréme
Qu'on perd tout mille fois plutost que ce qu'on
 ayme?

THIRENE.
Ie condamne auec vous vostre injuste Riual,
Et cét indigne amour luy doit estre fatal:
Mais se peut-il, Seigneur, estant fils de son frere
Que l'amour force en vous la nature à se taire?
Ne pourra-t'elle rien sur vostre ame à son tour?

MEZENCE.
Et que peut la Nature opposée à l'Amour?
Ie ne sens plus les nœuds par qui le sang nous lie,
Et dés que la Princesse a demandé sa vie,
A peine ay-je vn moment senty fremir mon cœur,
Tant le nom de Riual traîne auec luy d'horreur.
Son ordre exprés m'engage & veut ce sacrifice,
Quelque deuoir qu'il blesse il faut que i'obeïsse,
Et ne dépendant plus que de son seul pouuoir
Son ordre me tient lieu du plus sacré deuoir:

Quand ce qu'ō ayme ordōne & presse d'entreprēdre,
En vain la voix du sang tâche à se faire entendre ;
L'objet aimé peut tout sur quiconque ayme bien,
Et dés que l'amour parle on n'écoute plus rien.
THIRENE.
Le peril qui suiuroit l'entreprise auortée,
La peur de la voir sçeuë ou mal executée,
La vengeance d'vn Roy qui sçait peu pardonner,
Forceront vostre cœur peut-estre à s'étonner.
MEZENEE.
Nō, nō, ne craignés point qu'aucun dāger m'étōne,
Et me force à trahir l'espoir que je vous donne ;
Vn objet trop puissant m'engage à ce trépas,
I'en voy tous les perils, & ne m'en emeus pas :
La crainte dans mon cœur ne sçauroit trouuer place,
Et le Dieu qui l'occupe est vn Dieu plein d'audace.
THIRENE.
Ie vous laisse à iuger dans des desseins si grands,
L'effort que je doy faire, & la part que i'y prens :
Mais, Seigneur, comme aux Rois on ne peut faire outrage
Sās s'attaquer aux Dieux dās leur plus noble image,
Peut-estre que l'horreur qui suit ces attentats
Prés du coup malgré vous retiendra vostre bras.
Si vous meprisés tout du costé de la Terre,
Peut-estre craindrés vous les éclats du tonnerre ;
Les plus grands criminels s'en treuuent effrayés.
MEZENEE.
Les criminels toûjours ne sont pas foudroyés ;
Quand le Ciel en courroux gronde contre la Terre,
C'est sur les malheureux que tombe le Tonnerre,
Et souuent, quand les Dieux le lancent auec bruit,
Au sortir de leurs mains le Hazard le conduit.
Mais quād, pour me punir du crime où je m'appréte,
Tout le Ciel ébranlé menaceroit ma teste,

OV LE FAVX TIBERINVS.

Quand tous les Dieux vangeurs à ma perte animez
Feroient gronder sur moy leurs foudres allumez,
S'agissant de seruir cette beauté charmante,
Soyez seurs qu'en effet, ny la foudre grondante,
Ny tous les Dieux vangeurs armez pour mon trépas,
Ny le Ciel ébranlé ne m'ébranleroient pas.
Conduisez seulement ce que i'ose entreprendre,
Faites voir l'interest qu'vn Fils vous y fait prendre.

TIRHENE.

Si vous pouuiez sçauoir, Seigneur, iusqu'à quel poinct
Cét interest me touche....

MEZENCE.

Ah ! ie n'en doute point;
I'ay bien crû que c'estoit vous faire vne iniustice
Que vous refuser part à ce grand sacrifice,
Et que ie ne pouuois, pour conduire mes coups,
Me confier icy plus seurement qu'à vous.

TIRHENE.

Ie doy tout, ie l'auouë, à cette confiance,
Vous releuez par là ma plus chere esperance,
Et m'auriez fait vn tort qui m'eut desesperé,
Si, sans m'en auertir, vous eussiez conspiré.

MEZENCE.

Decidez donc de l'heure & du lieu qu'il faut prendre,
I'ay des amis puissans & tous prests d'entreprendre,
Qui dés mon premier ordre oseront tout tenter.

TIRHENE.

Ah ! sur tout gardez vous de rien precipiter.
Le Roy s'est fait icy suiure par son armée,
Le Fort est bien gardé, la ville est enfermée,
Et si le dessein manque, ou s'il est découuert,
Nul espoir de salut ne nous peut estre offert.
Ce peril de plusieurs peut estonner le zele,
Et parmy nos amis faire quelque infidelle,

Cét obstacle en ces lieux ne sera pas toûjours,
Et l'armée au pluftoft doit partir dans six iours.
Nos coniurez alors les plus forts dans la place
Voyant moins de peril en prendront plus d'audace.
Vn grand deffein dépend d'en bien choifir le temps.
MEZENCE.
Puifque c'eft voftre aduis, differons, i'y confens,
L'entreprife vous touche, & voftre experience
Doit icy preualoir fur mon impatience:
Nous tiendrons cependant nos amis preparez;
Ie vay mander les miens, & vous en iugerez:
I'attens tout de vos foins, c'eft en eux que i'efpere.
TIRHENE.
Ah, Seigneur! pour vn fils que ne fait point vn pere!
Pour peu que par le Ciel mes foins foient fecondez,
Ils pourront faire encore plus que vous n'attendez.

Fin du troifieme Acte.

ACTE IV.

SCENE I.

LAVINIE, MEZENCE.

LAVINIE.

QVEL malheur impreueu venez vous de m'apprendre!
Tirhene est arresté!

MEZENCE.

Ce coup vous doit surprendre.
Ainsi que vous, Madame, il m'a beaucoup surpris.
I'attendois tout du Pere allant venger le fils;
I'auois fondé sur luy ma plus forte esperance.
Il a beaucoup d'amis, de cœur, d'experience,

Il auoit desia veu mes partisans secrets,
Les auoit exhortez à se tenir tous prests ;
Et chacun, à l'enuy, iurant d'estre fidelle,
Auoit pris à l'entendre vne audace nouuelle:
Lors qu'Atis l'ayant veu qui sortoit de chez moy,
Est venu l'arrester, par les ordres du Roy.

LAVINIE.

Iamais vn prompt secours ne fut plus necessaire.
Du sang de mon Amant, ce barbare s'altere:
Et veut en perdre encor, d'vn courroux obstiné,
Iusqu'aux veines du Pere, vn reste infortuné.
Courez precipiter, sans que rien vous arreste,
La perte du Tyran pour sauuer cette Teste;
Preuenez, par vos coups, vn coup si plein d'horreur,
Et dérobez, du moins, ce crime à sa fureur.
Il n'a que trop vescu, trop de cœurs en gemissent,
Et c'est tousiours trop tard que les Tyrans perissent.
Puisque vos Partisans sont tous prests d'éclatter,
De leur premier transport songez à profiter :
Par des reflexions, craignez qu'il ne s'altere,
Et ne leur donnez pas le temps d'en pouuoir faire.
Si Tirhene perit, sur tout, considerez
Quel trouble peut alors saisir vos Coniurez,

MEZENCE.

Ce sont vos seuls desirs qu'icy ie considere,
Ie cours sans differer oser tout pour vous plaire:
Et sans voir les raisons que vous examinez,
La mienne, est seulement, que vous me l'ordonnez.
L'heure mesme où le Roy doit faire vn sacrifice,
Est celle que mon cœur choisit pour son suplice:
Et ie iure vos yeux, ou de perdre le iour,
Ou de vous apporter sa teste à mon retour.
Mais il vient.

LAVINIE.
Ie le suis.
MEZENCE.
Contraignez vostre haine,
Il s'est trop auancé, la fuite seroit vaine.
Pour l'amuser icy, faites vous quelque effort,
Et donnez ces momens aux aprests de sa mort.

SCENE II.

AGRIPPA, LAVINIE, ATIS, Suite.

AGRIPPA.

IL se peut donc, Princesse, enfin que ie vous voye?
Mais, helas! c'est pour vous, vn tourment que ma ioye:
Et tout l'ardent amour dont vous touchez mó cœur,
N'ose attédre auiourd'huy que mépris & qu'horreur.
Mais ie voudrois en vain, l'empescher de paroistre
Cét amour, trop puissãt, dont ie ne suis plus maistre:
C'est dans les maux cómuns qu'on peut dissimuler,
Et l'Amour n'est pas grand, quand on le peut celer.
I'ay preueu, quels transports de haine, & de colere,
Doit attirer sur moy cét aueu temeraire:
Vous m'allez accabler de rigueurs, de mépris,
Mais mon amour encor, m'est trop doux, à ce prix.
Eclatez: mais, ô Ciel! qu'aperçois-je, & quels charmes,
Font que vos yeux, aux miens, ne montrent que des larmes?
Ma veuë attendrit elle vn cœur si rigoureux?
Helas! le puis-ie croire?
LAVINIE.
Oüy, cruel, tu le peux,

Mon cœur ne fait rien moins que ce qu'il croyoit
Ie croyois que ta veuë aigriroit ma colere, [faire
Ie croyois sans horreur, ne te pouuoir souffrir,
Cependant, ie te vois, & me sens attendrir :
La haine dans mon cœur à peine à treuuer place.

AGRIPPA.

Quoy? Madame, Agrippa de vôtre cœur s'efface ?
Et vous pourriez aymer vn Roy trop fortuné ?

LAVINIE.

Et mon cœur d'vn tel crime est par toy soupçonné ?
Aymer le Meurtrier de l'objet de ma flame ?
D'vn Heros que la mort respecte dans mon ame ?
Aymer de tous mes maux l'autheur iniurieux ?
Si tu m'entends si mal, ie vais m'expliquer mieux.
Auec toy mon Amant eut tant de ressemblance,
Que ie n'ay pû sans trouble endurer ta presence :
Et sous les mesmes traits qui m'ont esté si doux,
Tu t'es pû dérober d'abord à mon couroux.
Ouy, cette chere image, a sçeu d'abord, sans peine,
Amortir ma colere, & suspendre ma haine :
Et mon cœur à ce charme engagé d'obeïr,
A presque en sa faueur, eu peur de te haïr.
Ces traits accoustumez à surprendre mon ame,
Ne m'ont rien retracé que l'objet de ma flame,
Ils n'ont pû me souffrir ny haine ny fureur,
Et l'amour est, tout seul, demeuré dans mon cœur,
Mais desia cet amour dont mon ame est si pleine,
Rappelle ma fureur & fait place à ma haine ;
Et mon couroux honteux d'estre trop suspendu,
Grossit, pour regagner le temps qu'il a perdu.
Tu vas voir à son tour la fureur implacable,
Que m'inspire le sang d'vn amant adorable ;
Tu vas voir tant de haine esclatter dans mes yeux.

AGRIPPA.

Helas ! Princesse, helas ! ie n'attendois pas mieux.

OV LE FAVX TIBERINVS. 47

[ar]mez vous d'vne haine encore plus esclatante,
[V]ous n'en paroistrez point à mes yeux moins char-
[V]ous pouuez d'Agrippa m'imputer le trepas, [mante
[M]'en blâmer, m'en haïr, ie ne m'en plaindray pas.
[I]e veux bien vous aymer sans espoir de vous plaire,
[S]ans murmurer iamais contre vôtre colere,
[S]ans presser vôtre cœur d'estre moins animé,
[E]t n'aymeray pas moins pour n'estre pas aimé.

LAVINIE.
[larmes,
[C]'estoit donc pour mes yeux trop peu que de mes
[D]ans la honte & l'horreur, d'auoir pour toy des char-
[C]e feu dans vn Tyran tombé mal à propos, [mes.
[N]e deuoit enflamer que l'ame d'vn Heros.
[Q]u'il fut fatal, ce feu que ton cœur deshonore
[A] ce Heros destruit, qui m'est si cher encore!
[C]et amour fut pour luy funeste autant que beau,
[I]l sembla naistre exprés pour ouurir son Tombeau.
[F]asse au moins, s'il se peut, la vengeance celeste
[Q]ue cet amour pour toy, soit encor plus funeste;
[Q]ue la fatalité de ce feu malheureux
[T]'expose à tout l'effort du sort le plus affreux;
[Q]ue cette mesme flame, auec plus de Iustice,
[N]e t'esclaire à ton tour, qu'à choir au precipice;
[Q]u'elle attire sur toy tout le couroux des Cieux,
[Q]u'elle allume la foudre entre les mains des Dieux.
[I'] obtiendray de ces Dieux dont tes crimes abusent....

AGRIPPA.
[N]e les pressez point tant, ces Dieux qui vous refusét,
[I]ls sçauent mieux que nous d'où despend nôtre bien,
[P]rincesse, croyez moy, ne leur demandez rien.
[V]ous n'auez pas songé, peut-estre, à l'auantage
[D]u Thrône dont mes yeux vous offrent le partage.
[V]n tendre souuenir d'vn amant malheureux,
[A] touché iusqu'icy vôtre cœur genereux:
[V]os beaux yeux de leurs pleurs ont honoré sa perte:
[M]ais quel deüil ne console vne Couronne offerte?

Le sceptre est vn doux charme aux plus viues dou-
Et le bandeau Royal seche aisémēt des pleurs. [leurs,
LAVINIE.
Dans les mains des Tyrans le Sceptre doit déplaire,
Et l'ombre d'Agrippa m'est encore si chere,
Qu'on me verroit choisir, auec bien moins d'effroy,
Le cercueil auec luy que le Trône auec toy.
AGRIPPA.
Quoy! haïr iusqu'au Thrône! helas! le puis-ie croire?
Et que vous preferiez vne ombre à tant de gloire?
C'est vn exemple rare, encor iusqu'à ce iour,
De n'auoir plus d'amant & d'auoir tant d'amour.
Qu'il est cómun de voir dans le cœur le plus tendre,
Le feu bien tost esteint, quand l'obiet est en cendre!
Et qu'apres quelqu'esclat de regrets superflus,
On oublie aisément vn amant qui n'est plus!
LAVINIE.
Connoy dóc mieux, par moy, ce que la gloire inspire
Aux Cœurs où l'Amour prend vn legitime empire.
La cendre sans chaleur de l'obiet de mon deüil
Nourrit encor mes feux du fonds de son cercueil,
Et mes soupirs, perçants dans la nuit la plus sombre,
Vont iusques chez les morts, rendre hommage à son
Rien n'arreste le cours d'vn feu bien allumé; [ombre.
Qui peut cesser d'aimer n'a iamais bien aimé.
Apprens enfin, Barbare, apprens qu'vne belle ame
Peut perdre ce qu'elle aime, & conseruer sa flame;
Et que dans les grands Cœurs, en dépit du trépas,
L'amour fait des liens que la mort ne rompt pas.
Ah! deuant qu'au Tombeau mó amant put descédre,
Que n'a t'il pû sçauoir ce que tu viens d'aprendre!
Helas! d'vn fier orgüeil l'effort imperieux
A peine en sa faueur laissoit parler mes yeux :
I'affectois des froideurs, quád ie brûlois dans l'Ame,
Et j'ay tant sçeu contraindre vne innocente flame,

OV LE FAVX TIBERINVS.

Qu'il n'a pas en mourant emporté la douceur,
De sçauoir quel empire il auoit sur mon cœur.
Dieux ! s'il eust pleinement joüy de ma tendresse
S'il eust préueu mes pleurs ......

AGRIPPA.

Ah ! c'en est trop, Princesse;
Ie ne puis plus tenir contre vn charme si doux.
Faites venir Tirrhene, Atis : Vous, laissez-nous.

Atis r'entre, & les autres se retirent.

C'est trop vous abuser, & c'est trop me contraindre,
Mon amour veut parler, ie ne sçaurois plus feindre;
Mon secret trop pesant commence à deuenir
Vn fardeau que mon cœur ne peut plus soûtenir.
Cessez, cessez enfin, ô Beauté trop fidelle,
De chercher Agrippa dans la Nuit eternelle;
Tiberinus fut seul dans le Fleuue abismé,
Et vous voyez en moy cét Amant trop aymé.

LAVINIE.

Vous ! ô Ciel !...... mais douter d'vn Pere qui m'asseure!....

AGRIPPA.

Ie voy que vous m'allez soupçonner d'imposture,
Et je vous fais si tard ce surprenant aueu,
Que j'ay bien merité qu'on me soupçonne vn peu.
Aussi ne croy-je pas pouuoir tout seul suffire,
A vous persuader ce que i'ose vous dire,
I'obligeray mon Pere à ne déguiser rien,
Croyez en son rapport, n'en croyez pas le mien;
Ie m'en vais le forcer de nous rendre Iustice,
De finir vostre erreur, d'aüoüer l'artifice,
Et de ne chercher plus du moins, à l'auenir,
A separer deux cœurs que l'Amour veut vnir.
Essayez cependant vous mesme à me connoistre,
Croyez-en vostre cœur.

C

AGRIPPA,
LAVINIE.
J'en croirois trop, peut-estre;
Mon cœur se peut mesprendre, interdit comme il est
Je n'ose l'écouter.
AGRIPPA.
Tirrhene enfin paroist.
Connoissez qui je suis par l'aueu qu'il va faire.
LAVINIE.
Taschez d'estre son fils, si vous me voulez plaire.

SCENE III.
AGRIPPA, TIRRHENE, LAVINIE.
AGRIPPA. *Il fait signe à Atis de se retirer.*
Seigneur, à la Princesse, enfin, j'ay tout appris:
Vous m'en pourrez blâmer, vous en serez surpris;
Mais enfin, c'en est fait, l'amour m'a fait connoistre,
Mon cœur de mon secret n'a pas esté le maistre,
Je n'ay pû vous tenir ce que j'auois promis,
J'ay tout dit.   ### TIRRHENE.
Quoy ? Seigneur.
AGRIPPA.
Que je suis vostre fils.
TIRRHENE. *(tendre)*
Vous, Seigneur! vous, mon fils! que pouuez vous pre-
Mon fils est au tombeau, laissez en paix sa cendre,
Helas! c'est par vos coups...   ### AGRIPPA.
Vos soins sont superflus;
Vn secret échapé ne se r'appelle plus.

OV LE FAVX TIBERINVS.

Auoüez qu'en faueur de nostre ressemblance,
Depuis la mort du Roy, i'ay gardé sa puissance;
Que noyé par mal-heur, son corps tiré de l'eau
Eust de vous, sous mon nom, les honneurs du tobeau.
Que pour fuir tout soupçon, & pouuoir vous instruire
De ce qu'entre-prendroient ceux qui voudroient me
　　nuire,
Vous auez accusé le Roy de mon trespas....

TIRRHENE.

Ie vois ou ie m'expose en ne l'auoüant pas;
Il y va de ma vie, & desia ie m'apreste,
Seigneur, à vous payer ce refus de ma Teste.
Trahir le sang d'vn fils pour m'entendre auec vous?

AGRIPPA.

Quoy?....

TIRRHENE.

Non, en vain vos yeux éclattent de courroux:
Vous m'auez mal connû si vous l'auez pû croire;
De cette lascheté l'infamie est trop noire,
Et le sang mal-heureux qui peut m'estre resté,
Ne vaut pas l'achepter par cette indignité.

AGRIPPA.

Que vous estes cruel, de chercher tant d'adresse
Pour tromper vne illustre & fidelle Princesse!
Ses beaux yeux dans les pleurs sans cesse enseuelis
N'en ont ils pas assez honoré vostre fils?

TIRRHENE.

Ie vous entends, Seigneur, vous ne sçauriez encore
Souffrir que de ses pleurs la Princesse l'honore?
Et que, iusqu'au cercüeil, vn cœur si genereux
Donne quelques soûpirs à ce fils mal-heureux?
Il ne vous suffit point qu'il ait cessé de viure,
Au dela du trépas vous le voulez poursuiure?
Et dans le tombeau mesme ou vous l'auez ietté,
Il n'est pas à couuert de vostre cruauté

C ij

Ah ! revenez, Seigneur, de cette iniuste enuie :
Vous auez eu son sang, vous auez eu sa vie,
Ne sçauriez vous laisser à cét infortuné ;
Vn cœur que pour luy seul l'Amour a destiné ?
AGRIPPA.
Ah ! n'empeschez donc pas que ie le desabuse,
Ce cœur que ie possede, & que l'on me refuse ;
Ce cœur qui pour le mien est plus cher mille-fois
Que toutes les douceurs du sort des plus grands Rois ;
Ce cœur à qui tousiours tout mó bon-heur s'attache;
Ce cœur que l'Amour m'offre, & qu'vn Pere m'arra-
Vn Pere qui pour fils veut ne m'auoüer pas. (che,
TIRRHENE.
I'auoürois pour mon fils l'Autheur de son trépas !
Sa mort, vous le sçauez, n'est que trop veritable,
Et mon rapport, helas ! n'en est que trop croyable.
I'en fus tesmoin, Seigneur, vous ne l'ignorez pas;
Tout percé de vos coups, il tomba dans mes bras;
Son Sang, à gros boüillons, reiallit sur son Pere,
Mais, Madame, admirez ce que l'amour peut faire,
Vostre Amant expiroit, lors qu'apres de vains cris,
Prononçant vostre nom, i'arrestay ses esprits ;
Quoy que desia ses yeux, en baissant leur paupiere,
Eussent pris pour iamais congé de la lumiere ;
Malgré le voile espais dont la mort les couurit,
A ce nom adoré, l'Amour les entroüurit.
Son ame, auec son sang, desia toute écoulée,
Dans sa bouche mourante encor fut rapellée
Mais à peine sa flâme eust en vostre faueur,
Commencé d'exprimer sa derniere chaleur,
Que le Roy s'irritant de ce reste de vie,
L'arracha de mes bras auecque barbarie,
Et l'ayant fait ietter à la mercy des flots,
Ah Princesse, d'vn Pere excusez les sanglots.

OV LE FAVX TIBERINVS.

Ma parole s'estouffe à cet endroit funeste,
Ie n'ay plus que des pleurs pour vous dire le reste,
C'est le sang qui s'émeut, & pour s'expliquer mieux,
Au deffaut de ma bouche, il parle par mes yeux.

LAVINIE.

Recoy donc à la fois, Ombre, qui m'es si chere,
Les larmes d'vne Amante, auec les pleurs d'vn Pere,
Et sois sensible encore, ayant perdu le iour,
A ces derniers tributs du sang, & de l'Amour.
Pardonne cher Amant, aux troubles qu'en mon ame,
Ton Tyran, souz ton nom, a surpris à ma flâme,
A ces doux mouuemens, qu'en mon premier trãsport,
De ses traits & des tiens a produit le rapport.
Maintenant que mon cœur eclairé par ton Pere
Connoist ton assassin, & reprend sa colere,
Pour vanger à la fois, ton sang, & mon erreur,
Ie vais porter si loin le cours de ma fureur,
Ie vais par tant de vœux, si le Ciel peut m'entendre,
Presser sur ce Tyran la foudre de descendre,
Et pour voir à mon gré tous ses crimes punis....
En regardant Agrippa.
Mais, Seigneur, mais helas! s'il estoit vostre fils?

TIRRHENE.

Quoy! vous écouterez l'erreur qu'on vous inspire?

AGRIPPA.

Quoy! vous n'entēdrez pas ce que l'amour veut dire?
N'est-il pas vn tesmoin assez digne de foy,
Pour l'entēdre vn momēt, s'il veut parler pour moy?
Et puis qu'en vostre cœur sa voix m'est fauorable....

TIRRHENE.

L'Amour parle en aueugle, & n'en est pas croyable.

AGRIPPA.

Suiurez vous, ma Princesse, vne si dure loy?
Ne me croirez vous point?

C iij

LAVINIE.
Helas! tient-il à moy!
TIRRHENE.
Vostre cœur n'a-t'il pas, contre cette imposture,
Assez bien entendu la voix de la nature?
En a-t'il dit trop peu, ce sang tout interdit,
Dont le trouble...
LAVINIE.
Ah! Tirrhene, il n'en a que trop dit.
Il ne m'oste que trop, sur vn trepas si rude,
La flateuse douceur d'vn peu d'incertitude.
Vostre fils ne vit plus, ie ne puis m'en flatter,
La nature le dit, & ie n'ose en douter :
Mais ce doute est si doux, que l'Amour qui murmure (mure
Voudroit bien, s'il osoit, démentir la Nature.
TIRRHENE.
Quoy que le Roy vous die, asseurez vous si bien....
LAVINIE. *Regardant encore Agrippa.*
Ah! si ie ne le suis, ie ne respons de rien.
Ses traits ressemblét trop à ceux qui m'ont charmée,
Pour les voir sans fremir, & sans estre allarmée.
Ce n'est pas, que de vous ie n'aye assez appris, (fils,
Qu'il n'est qu'vn imposteur, qu'il n'est point vostre
Auec trop de clarté vos raisons me le montrent,
Mais, pour peu que ses yeux & les miés se rencôtrét,
Ce regard, malgré moy, vous, & ses trahisons,
Est seul presqu'aussi fort que toutes vos raisons.
TIRRHENE.
Fuyez-le donc, Madame, & pour mieux vous deffen- (dre...
AGRIPPA.
Ah! Princesse, arrestez vn moment pour m'entendre.
LAVINIE.
Cruel, qui que tu sois, iusqu'où va ta rigueur?
N'es-tu pas satisfait des troubles de mon cœur?

OV LE FAVX TIBERINVS.

AGRIPPA.
Quoy! fuir sans m'écouter?
LAVINIE.
Est-ce peu pour ta gloire?
Va, si ie t'escoutois, i'aurois peur de te croire.
AGRIPPA.
Ie ne vous quitte point, que vous n'ayez pû voir

SCENE IV.
TIRRHENE, AGRIPPA.
TIRRHENE, *Retenant Agrippa.*
Arreste, aueugle, arreste, & rentre en ton deuoir,
Sois mon fils en effet, songe à me satisfaire.
AGRIPPA.
Et vous ne voulez plus, Seigneur, estre mon Pere!
TIRRHENE.
A cét aueu fatal trop de peril est ioint,
C'est estre Pere icy, que ne l'auoüer point.
Puisque la guerre a pû nous oster les complices
De vostre heureuse audace, & de mes artifices;
Et qu'en vostre faueur, le Ciel a pris le soin
De ne vous en laisser que moy seul pour tesmoin,
Obligé d'empescher ce secret de paroistre,
Pour en répondre mieux, i'en veux seul estre maistre;
Et i'aime mieux dás l'heur de vous voir cómander,
Desauoüer mon fils, que de le hazarder. (me.
Ie voudrois, pour vous voir sans crainte au rág suprê-
En vous cachant à tous, vous cacher à vous mesme,
Et le sang, seul tesmoin de tout vostre bon-heur,
S'applaudiroit assez dans le fonds de mon cœur.
Voyez où nous reduit desjà vostre foiblesse.

C iiij

Vous deviez si bien feindre, auprés de la Princesse,
Sçauoir si bien vous taire, & nourrir son erreur;
Vous l'auiez tant promis.

AGRIPPA.

Et l'ay-je pû, Seigneur?
Prés d'vn Obiet aimé vostre Esprit trop seuere,
Connoist mal vn Amant, s'il croit qu'il se peut taire.
On n'est pas seur toûjours de feindre autât qu'ô veut,
Et l'amour bien souuent promet plus qu'il ne peut.
I'auois pû me flatter que mon amour, sans peine,
Seroit, dans son erreur, satisfait de sa haine,
Et ses mespris trompez, en effet trop charmans,
M'ont donné cent plaisirs inconnus aux Amans.
I'ay gousté la douceur si chere, & si nouuelle,
D'estre seur d'estre aimé d'vn cœur vrayment fi-
 delle,
D'vn cœur qu'on ne peut perdre, ayât perdu le iour,
Et d'où mesme la Mort ne peut chasser l'Amour.

TIRRHENE.

N'estoit-ce pas assez de ce bon-heur extréme?

AGRIPPA.

Peut-on estre en effet heureux sans ce qu'on aime?
Et quand on est charmé d'vn Obiet plein d'appas,
Est-ce vn bon-heur qu'vn bien qu'il ne partage pas?
Voir souffrir ma Princesse, & d'vne ame inhumaine,
Luy desrober ma ioye, & ioüir de sa peine,
C'estoit pour mon amour vn plaisir trop cruel:
Le bon-heur des Amants est d'estre mutuel.

TIRRHENE.

Ie plains des feux si beaux, mais il faut les contrain-
Nous auons maintenant trop suiet de tout craindre, (dre,
Nos secrets n'ont iamais esté plus importants;
Que vostre amour se taise au moins pour quelque
 temps.

Le moindre éclat nous perd, Mezence enfin conspire,
Pour vous rauir le iour, la Princesse, & l'Empire,
Et l'Empire pour vous, la Princesse, & le iour,
Valent bien tout l'effort que fera vostre amour.
Les autres Conjurez sont Volcens, Corinée,
Antenor, Serranus, Sergeste, Ilionée,
Tous Mescontents secrets, parmy le Peuple aimez,
Et tous sans vous connoistre, à vous perdre animez.
Grace à l'heureuse erreur que ma feinte autorise,
Mezence m'a rendu maistre de l'entreprise.
Sans doute, en ma faueur, il parlera d'abord,
Accordez luy ma grace, & sans beaucoup d'effort,
Par mes soins, pour six iours, l'attentat se differe.
Mesnagez bien vn temps pour vous si necessaire ;
Donnez aux coniurez, des emplois specieux,
Qui leur faisant honneur les oste de ces lieux.
Feignez quelques auis pour retenir l'Armée,
Et redoublez du Fort, la garde accoustumée.
Sur tout, flattez Mezence, & de toutes façons,
Par vne fausse estime, endormez ses soupçons ;
En suitte, asseurez vous sans bruit de sa personne,
Et dans vn lieu bien seur..... Quoy ! vostre ame s'é-
                                                    (tonne !
AGRIPPA.
Sans scrupule à ce prix peut-on donner des loix ?
TIRRHENE.
Le scrupule doit estre au dessous des grands Rois.
Mezence veut vous perdre, & s'y resoud sans peine,
Le crime n'est pas moindre, encor qu'il se méprenne,
Et sur ce qu'il vous croit, iugeant de ses desseins,
C'est dans vn sang sacré qu'il veut tremper ses mains.
Le Ciel veut l'en punir, par vostre ministere,
Les Dieux vous font regner, il faut les laisser faire,
Et sans approfondir leurs secrets, ny vos droits,
Leurs soins doiuent en vous répondre de leur choix.

AGRIPPA,

Si dans ce haut degré, vostre vertu peut craindre
Que quelqu'ombre de crime encor vous puisse atteindre,
Tenez-vous ferme au Throne, & gardez d'oublier
Qu'il faut n'en pas sortir pour vous iustifier :
Quand on mōte en ce rāg, quelle qu'en soit l'audace,
Le crime est d'en tomber & non d'y prendre place;
On n'a iamais failly qu'au poinct qu'on en descend,
Et qui regne tousiours est tousiours innocent.
Regnez donc. Ah! mon fils, si vous pouuiez cōnoistre,
Cōbien est beau le droit de n'auoir point de Maistre.

AGRIPPA.

Ah! si vous connoissiez combien l'Amour est doux,
Seigneur.....   TIRRHENE.

I'entends du bruit, on vient, songez à vous.

SCENE V.

TIRRHENE, AGRIPPA, LAVZVS, ATIS.

TIRRHENE.

H É bien! partout mon sang, contentez vostre haine.   LAVZVS.

Tout est prest dans le Temple.

AGRIPPA.

Allons, qu'on le remeine.

TIRRHENE.

Va, barbare.....   ATIS.

Ah! Seigneur, craignez d'estre entendu.

TIRRHENE.

Que peut-on craindre, helas! quand on a tout perdu?

Fin du quatriéme Acte.

ACTE V.

SCENE PREMIERE.

FAVSTE, LAVINIE, CAMILLE.

FAVSTE

DE quel effroy, Madame, estes vous agitée
Au poinct que l'entreprise est presque executée?
On a surpris le Prince, en luy faisant sçauoir
Qu'auec empressement vous cherchez à le voir.

LAVINIE

Oüy, Fauste, ie le cherche, & luy veux faire entendre
Qu'il seroit bon encor de ne rien entreprendre;
Que ie voy tout à craindre à trop tost éclater;
Qu'vn peu trop de chaleur sceut d'abord m'emporter;
Qu'vn attentat si grand veut moins de promptitude:

FAVSTE

Le Prince s'est douté de vostre inquietude;
Et se trouuant au Temple engagé prés du Roy,
Pour vous tirer de peine, il s'est serui de moy.
Ie viens vous asseurer que pour vostre vengeance,
Le Ciel mesme auec Nous, paroist d'intelligence:
Iamais vn grand dessein ne s'est veu mieux conduit.
Le Prince a r'assemblé ses Conjurez sans bruit;
Il a joint auec eux les amis de Tirrhene;
Et tous les Partisans que s'est fait vostre haine,
Qui, tous ensemble vnis, brûlent de partager
Dans la mort du Tyran, l'honneur de vous vanger.
Par de vaines frayeurs cessez d'estre allarmée;
Ie sçay que l'on peut craindre, & le Fort, & l'Armée;
Mais, Tiberinus mort, Mezence est icy Roy,
Et chacun en tremblant en receura la loy.
La Ville en sa faueur, doit estre souleuée,
Et l'on est seur de voir l'entreprise acheuée,
Auant qu'aucun des Chefs du contraire Party
Au Fort, ny dans l'Armée, en puisse estre auerty.
Tout nous rit, & sans doute, apres le sacrifice,
Tiberinus surpris ne peut fuïr son supplice.
Le Palais de Tirrhene en est le lieu marqué;
C'est-là, qu'à son retour, il doit estre attaqué,
Pour mieux apprédre à tous, que suiuãt vostre enuie,
Aux Manes d'Agrippa, l'on immole sa vie.
On diroit, à le voir flatter les Conjurez,
Qu'il s'offre mesme aux coups qui luy sont preparez,
Pour Mezence, sur tout, tant d'estime le touche,
Qu'à peine pour Tirrhene a-t'il ouuert la bouche,
Que le Roy, tout à coup, cessant d'estre irrité,
L'a fait en sa faueur remettre en liberté.

LAVINIE

Puisque Tirrhene est libre, il est plus seur d'attendre;

Il faut le consulter auant que d'entreprendre.
Tout m'effroye en ce iour, ie sens secrettement
D'vn funeste destin l'affreux pressentiment.
Helas! si pour seruir mon aueugle colere...
Ah, si Mezence m'ayme, obtenez qu'il differe:
Hastez-vous.

FAVSTE.

I'obeïs, mais vous courez hazard
Que cét ordre impreueu n'arriue vn peu trop tard;
Madame, nous touchons à l'heure qu'on a prise;
On doit sortant du Temple estre prest sans remise,
Le signal est donné, les ordres sont receus.

LAVINIE.

Empeschez qu'on n'acheue, allez, ne tardez plus.

CAMILLE.

Que pourra on penser du desordre où vous estes?
De ces troubles pressans, de ces craintes secretes?
Si ce n'est que le Roy par vn doux entretien...

LAVINIE.

Qu'on pense tout, pourueu qu'on n'execute rien.
Dieux! si le coup fatal qu'a tant pressé ma haine
Tomboit..... mais qu'on me laisse entretenir Tirrhene.

LAVINIE.
(ame.
Que vous rendez, Seigneur, vn doux calme à mon
Pour fuïr l'affreux defordre en mon cœur excité,
Ie prens cette affeurance auec auidité ;
I'écarte de mes fens, i'étouffe en ma memoire,
Tout ce qui me pourroit détourner de vous croire.
Ie ne veux plus oüir ce que mon cœur me dit ;
Vn Pere est moins fufpect qu'vn cœur tout interdit;
L'amour est trop aueugle auprés de la Nature ;
Et sur l'aveu du sang ma haine se r'affeure.
Tout mon courroux reuient plus ardent que iamais ;
La perte du Tyran fait mes plus chers souhaits.
Ie n'ay plus d'autres foins que ceux de ma vengeáce:
I'en goûte auec transport les douceurs par auance
Ie m'abandonne entiere à la felicité
D'oster au moins la vie, à qui ma tout ofté,
Au barbare affaffin d'vn Heros adorable......

TIRRHENE.
Pleust au Ciel seul recours d'vn Pere miferable,
Que dés ce mesme iour, il m'eust esté permis
D'offrir cette victime aux Manes de mon Fils.
C'est vn tourment cruel, pour mon impatience,
De n'ofer pas encor hafter nostre vengeance.
Preffant vn si grand coup, on l'eust trop hazardé ;
L'Armée est autour d'Albe , & le Fort bien gardé.
Il faut encor languir ; il faut encor attendre.

LAVINIE.
Non, non, confolez-vous: i'ay fait tout entreprendre

TIRRHENE.
Quoy ! fans confiderer....   LAVINIE.
Vous fçachant arresté,
I'ay voulu fans delay, que l'on ait éclaté ,
Et vous pouuez flatter dés ce iour vostre haine,
De toutes les douceurs d'vne vengeance pleine.

OV LE FAVX TIBERINVS.

TIRRHENE.
Ah, Madame! empeschons ce coup precipité.
LAVINIE.
Sans doute, il n'est plus temps, tout est executé.

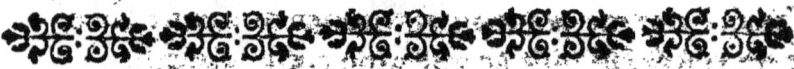

SCENE III.

FAVSTE, LAVINIE, TIRRHENE.

LAVINIE à *Fauste*.
Avez-vous assez tost pû rejoindre Mezence?
FAVSTE.
I'ay couru par vostre ordre auecque diligence;
Et dans vos interests le Ciel prend tant de part,
Qu'enfin heureusement, ie l'ay rejoint trop tard.
TIRRHENE.
Ciel! qu'entens-je!
FAVSTE.
Admirez vn bon-heur sans exemple.
Ie n'ay pas eu besoin d'aller iusques au Temple;
I'ay trouué le Tyran au retour attaqué,
Prés de l'endroit fatal pour sa perte marqué.
Pressé du Prince enfin, sans espoir, hors d'haleine,
Et se trouuant fort prés du Palais de Tirrhene,
Il a pris, malgré nous, le temps de s'y jetter,
Tandis que tous les siens ont sceu nous arrester.
Leur sang a satisfait nostre troupe animée;
Mais le Tyran entré, la porte s'est fermée,
On a craint les fureurs d'vn Peuple soûleué;
Et le Roy seul..... TIRRHENE.
O Dieux! se seroit il sauué?

FAVSTE.
Chacun s'est, comme vous, senty l'ame allarmée :
Nous auons craint le Fort, nous auõs craint l'Armée,
Et perdant tour, enfin, à beaucoup differer,
Par force, aprés le Roy, l'on s'apprestoit d'entrer ;
Lors que d'vne Terrace, Albine, toute émeuë,
A tasché d'arrester nos efforts par sa veuë ;
Et son sexe, & son rang, la faisant respecter,
Nous auons fait silence, afin de l'escouter.
Seigneur, a-t'elle dit, s'addressant à Mezence,
La Princesse me doit ma part dans sa vengeance ;
L'Amour a commencé, c'est au Sang d'acheuer ;
Le Roy s'est mieux perdu, quand il s'est creu sauuer,
Mes Gens l'ont immolé par mon ordre à mon Frere,
Tout son sang à mes yeux, vient de me satisfaire.
C'en est fait, il est mort.

TIRRHENE.
Dieux !

FAVSTE.
    Ces mots, tout d'vn temps,
Ont fait pousser au Ciel mille cris éclatants.
Chacun admire Albine, & le Prince s'appreste
A venir du Tyran vous presenter la teste :
Vous l'auez demandée, & pour vous contenter,
De sa main à vos pieds, il la veut apporter.
Albine doit la rendre. Il l'attend, & m'enuoye
Pour preparer vostre Ame à cét excés de joye.

LAVINIE à *Tirrhene*.
Ainsi donc, tous nos vœux sont comblez pleinement.
Vous vengez vostre Fils, ie venge mon Amant,
Albine venge vn Frere, & nous goûtons les char-
 mes….
Mais, d'où naissent, Seigneur ces soudaines allarmes?
Ce trouble ou vous tombez ?

OV LE FAVX TIBERINVS.

TIRRHENE.
Ie tremble, ie fremis.

LAVINIE.
Quoy ! le Roy mort !

TIRRHENE.
Helas ! Madame, c'est mon fils.
Elle tombe sur vn siege, & Fauste se retire.

LAVINIE.
Vostre fils !

TIRRHENE.
Ie sens trop icy que ie suis Pere :
La voix du sang m'échape, & ne peut plus se taire :
La Nature à ce coup, laisse la feinte à part :
Elle parle.

LAVINIE.
Ah ! pourquoy parle-t'elle si tard ?
Enfin, il est donc vray, i'ay perdu ce que i'ayme,
I'en recherchois la cause, & la trouue en moy mesme;
I'en poursuiuois le crime, & viens de m'en charger,
Et i'ay versé le sang que ie voulois venger.
I'ay tant sollicité, tant demandé sa perte,
Que le Ciel trop propice, à la fin l'a soufferte :
De mes vœux importuns, les Dieux se sont lassez,
Et c'est pour m'en punir qu'ils les ont exaucez.
Que ces Dieux sont cruels, quand il sont trop faciles !
Helas ! que leurs refus sont quelquesfois vtiles !
Et qu'on trahit souuent ses plus chers interests,
En fatiguant le Ciel, par des vœux indiscrets !
Mais, c'est à vous, Barbare, à qui ie me doy pren-
  dre   *A Tirrhene*
Du sang de mon Amant que ie viens de respandre.
Ie l'ay persecuté, sous vn nom deceuant;
I'ay creu l'adorer mort, & l'ay haï viuant;
Sa perte estoit la mienne, & i'ay pû l'entreprendre;

Mais, Pere ingrat, c'est vous qui m'auez fait mé-
 prendre,
Et, si ie l'ay perdu, persecuté, haï,
C'est sur la foy du Sang, que l'Amour s'est trahy.
Vous auez aueuglé ma passion extrême;
Vous auez reuolté mon feu contre luy mesme;
Vous auez corrompu tous les vœux de mon cœur;
De ma flâme innocente enuenimé l'ardeur,
Et fait cruellement, par vos dures maximes,
Du plus pur des Amours, le plus affreux des crimes.
Politique inhumain, qu'vn soin ambitieux
Rend, pour perdre son fils, assez ingenieux :
Si le iour vous esclaire, aprés ce parricide,
Si pour vous en punir, mon bras est trop timide,
Rendez graces, cruel, dans mon iuste couroux,
Au sang de vostre fils que ie respecte en vous.

TIRRHENE.

Quand vn Pere a fait choir son fils au precipice,
Il n'a guere besoin qu'on aide à son supplice ;
Et pouüant d'Agrippa me reprocher la mort,
Le Sang pour m'en punir, est tout seul assez fort.
Ouy, pour ce fils trop cher, ma tendresse trahie
N'a rien fait qu'il n'ait veu tourner contre sa vie,
Et l'Amour paternel, par trop d'ardeur seduit,
L'a, iusqu'au coup mortel, en victime, conduit.
I'ay sceu rendre auec moy, par tous mes artifices,
Son Amante, & sa Sœur, de son trepas complices,
Et i'ay pû soûleuer pour le perdre aujourd'huy,
L'Amour & la Nature à la fois contre luy.
Soit crime, soit mal-henr, il cesse enfin de viure,
Ie l'ay tousiours perdu, c'est assez pour le suiure.

LAVINIE.

Suiuons-le, mais du moins par nos derniers efforts,
Entraisnons auec nous Mezence chez les morts.

OV LE FAVX TIBERINVS.
Le crime est assez grand pour luy coûter la vie,
D'auoir trop bien seruy mes vœux qui m'ont trahie.
TIRRHENE.
Rien ne me couste à perdre, aprés ce que ie pers,
Auec mon Fils & nous, perisse l'Vniuers;
Que ma Fille elle-mesme éuite ma colere.

SCENE IV.

ALBINE, TIRRHENE, LAVINIE, CAMILLE, IVLIE.

TIRRHENE.
MAl-heureuse! où viens-tu?
ALBINE.
Me liurer à mon Pere;
Luy déclarer mon crime, & m'offrir à ses coups;
Le remords me deffend d'éuiter son courroux.
TIRRHENE.
Sçais-tu ce que ton crime en effet vient de faire?
LAVINIE.
Sçais tu, cruelle Sœur, que tu trahis ton Frere?
ALBINE.
Ie sçay que i'ay trahy mon Frere, & mon deuoir.
Son meurtrier vainqueur..... Mais vous allez le voir.
Il vient.
TIRRHENE.
Tournons sur luy la fureur qui nous presse.

SCENE V.

**AGRIPPA, TIRRHENE, LAVINIE,
ALBINE, CAMILLE, IVLIE, Suite.**

AGRIPPA

AY-je encor, contre moy, mon Pere, & ma
  Princesse?

TIRRHENE.

Mon Fils respire encore!

LAVINIE.

      Agrippa void le iour!
Quel fauorable Dieu le rend à mon Amour?

AGRIPPA.

L'instinct sacré du sang est le Dieu tutelaire,
Par qui ma Sœur...

ALBINE.

    Seigneur, vous estes donc mon Frere?

TIRRHENE.

Oüy, loin de faire vn crime, empeschant son trépas,
Tu nous as tous sauuez... Mais ne l'interromps pas.

AGRIPPA à *Lavinie*.

Par vostre ordre, Madame, attaqué par Mezence,
I'ay contre luy d'abord fait peu de resistance,
Et voulu témoigner iusqu'aux plus cruels coups,
Que ie sçay respecter tout ce qui vient de vous.
I'ay pourtant creu deuoir quelques soins à ma vie,
Seur, qu'en effet ma mort n'estoit pas vostre enuie,
Et vostre tendre amour qui m'est venu flatter,
Au Palais de mon Pere enfin m'a fait ietter.

Le desordre où l'on craint qu'vn Peuple émeu s'emporte,
Dés qu'on me void entré, force à fermer la porte.
Ma Sœur qui m'apperçoit de son appartement,
Et qui ne croit, en moy, voir qu'vn perfide Amant,
S'auance auec transport, & me fait en attendre
Ce qu'vne aueugle erreur luy peut faire entrepredre :
Mais contre mon attente, & malgré son effroy,
Le sang dans ce peril s'éueille en ma faueur.
Comme pour vn Amant, son cœur tremble, & murmure ;
Elle impute à l'Amour, ce que fait la Nature,
Et la Nature ardente à me sauuer le iour,
N'a pas honte d'agir sous le nom de l'Amour.
Albine cede enfin à l'instinct qui la guide :
Va, dit elle, en tremblant, va, sauue-toy, perfide.
I'obeïs sans replique, & passe sans effort,
A trauers des iardins qui touchent presqu'au Fort.
I'y cours, & ie m'y rends, sans rien voir qui m'arreste ;
I'y trouue des Soldats, ie m'auance à leur teste ;
Le nôbre en croist sans cesse, & dés le premier bruit,
L'élite de l'Armée, & les ioint & me suit.
I'approche, & trouue encor, pleins de ioye, & d'auda- (ce,
Les Coniurez espars auec la Populace,
Qui trompez par ma Sœur, trop credules, & vains,
N'attendoient plus qu'à voir ma teste entre leurs mains.
Chacun d'eux à ma veuë, & fremit & s'égare,
La consternation de tous leurs cœurs s'empare,
Et n'osant mesme fuir, ny faire aucun effort,
Tous laissét à mon choix, ou leur grace, ou leur mort.
Ie fais saisir les Chefs, & ie pardonne au reste.
Mezence seul s'obstine en cét estat funeste.
Ie deffends qu'on le presse, & retiens les Soldats ;

Mais en vain on l'épargne, il ne s'épargne pas.
Animé par voſtre ordre, & n'ayant pû le ſuiure,
Par les ſoins d'vn Riual, il dédaigne de viure,
Ne peut ſe pardonner, & ſans monſtrer d'effroy,
Tourne ſur luy, les coups qu'il a manquez ſur moy.
Ie meurs pour vous, Princeſſe, eſt tout ce qui peut dire :
Ie cours pour l'arreſter : mais il tombe, il expire ;
Et fait, dãs ſon trépas, voir tant d'amour pour vous,
Qu'auec tout mon bon-heur, i'en ſuis preſque jaloux.

LAVINIE.

Ie le plains, mais le bien qu'en vous le Ciel m'ẽuoye
Ne laiſſe dans mon cœur, de lieu que pour la ioye.

TIRRHENE à *Lauinie*.

C'eſt à vous que le ſceptre eſt dû par ce treſpas.

LAVINIE.

De mes droits, pour regner, ne vous allarmez pas.
Si le ſceptre m'eſt doux, ce n'eſt pas pour moy-meſme,
C'eſt pour mieux l'aſſeurer aux mains de ce que i'ayme.
Venez, aux yeux de tous, voir, dés ce meſme iour,
Voſtre Fils de nouueau couronné par l'Amour.

Fin du cinquiéme & dernier Acte.

www.ingramcontent.com/pod-product-compliance
Lightning Source LLC
LaVergne TN
LVHW020947090426
835512LV00009B/1743